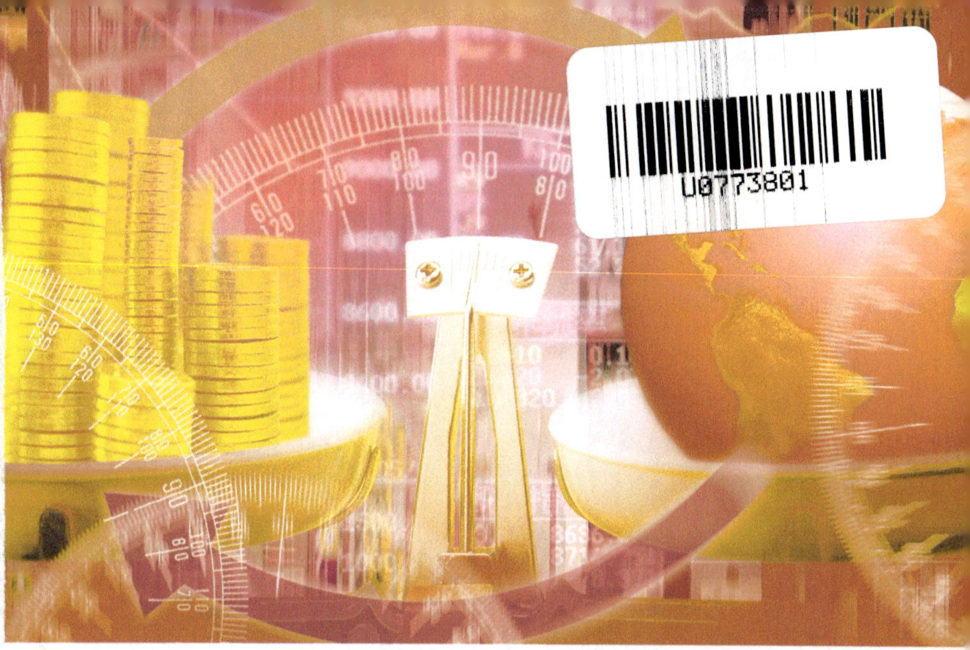

开放内容:
知识共享许可实用指南

>>> 顾立平等 编

·北京·

图书在版编目(CIP)数据

开放内容：知识共享许可实用指南 / 顾立平等编. —北京：科学技术文献出版社，2017.12（2018.7重印）
ISBN 978-7-5189-3257-3

Ⅰ.①开… Ⅱ.①顾… Ⅲ.①著作权法—研究—中国 Ⅳ.① D923.414

中国版本图书馆 CIP 数据核字（2017）第 219220 号

开放内容：知识共享许可实用指南

策划编辑：崔灵菲　责任编辑：崔灵菲　责任校对：张吲哚　责任出版：张志平

出 版 者	科学技术文献出版社
地　　址	北京市复兴路15号　邮编 100038
编 务 部	（010）58882938，58882087（传真）
发 行 部	（010）58882868，58882874（传真）
邮 购 部	（010）58882873
官方网址	www.stdp.com.cn
发 行 者	科学技术文献出版社发行　全国各地新华书店经销
印 刷 者	北京虎彩文化传播有限公司
版　　次	2017年12月第1版　2018年7月第2次印刷
开　　本	850×1168　1/32
字　　数	51千
印　　张	3.125
书　　号	ISBN 978-7-5189-3257-3
定　　价	32.00元

版权所有　违法必究

购买本社图书，凡字迹不清、缺页、倒页、脱页者，本社发行部负责调换

Preface 前言

开放内容许可原则旨在促进受著作权保护作品的使用和传播。本书具体解释开放许可协议的内容、性质、用途,以及如何在受著作权保护的作品上界定和使用不同种类的许可协议。使得作品进入公共领域的同时,一方面得以共享;另一方面作者的权益能够得以保护。

下面是我们在2016年中国合理使用周、2017年中国合理使用周上,讨论实际工作业务及公共服务时,经常听到的几个问题:

1. 什么是"受著作权保护的作品"?

2. 什么是"公共领域作品"?

3. "保留所有权利"与"保留部分权利"有何不同?

4. "著作权的限制"与"开放内容许可协议"有何不同?

5. "免费的"与"开放的"有何不同?

6. "开放内容许可协议"有哪些内容和选项?

7. 谁有权利颁布"开放内容许可协议"?

8. 使用开放内容需要遵守哪些规则?

9. 再次传播开放内容需要遵守什么规则?

10. 什么是"开放内容"?

11. 什么是"数字资源管理"?

12. "入站"和"出站"的许可协议有何不同?

13. 为什么会发生"许可不兼容"?

14. 为什么有些"开放内容许可协议"其实是无效的?

事实上,本书是回答上述问题的最佳指南。我们感谢 Dr. Till Kreutzer 的写作,以及 Wikimedia Deutschland, the German Commission for UNESCO and the North Rhine-Westphalian Library Service Centre 将其公开发布,并且采用知识共享许可的方式进行传播。本书由魏小飞、许露、刘晶晶翻译初稿,顾立平进行校正、补充及必要的注释。建议读者使用时查询原文网址和内容,并且对原文作者和出版信息进行引用。

Contents 目录

第 1 章 引言：从理论到实践 1

第 2 章 开放内容许可基础知识 4
  2.1 背景 4
  2.2 不同的开放内容授权模式 6
  2.3 使用开放内容许可的益处 7
  2.4 开放内容许可的法律问题和实际影响 12

第 3 章 知识共享许可使用方案 27
  3.1 6 种知识共享许可类型概述 27
  3.2 知识共享在公共领域的工具 32
  3.3 通用和可移植的许可版本 34
  3.4 所有知识共享许可的许可条件、使用者义务和
       限制 39
  3.5 其他的具体许可限制和义务 56

第 4 章 使用知识共享许可实用指南 79
  4.1 选择"正确的"许可 79

4.2 产生许可 80
4.3 将知识共享许可附加到不同的作品 84
4.4 在线查找开放内容 87

第 5 章 结 语 93

>>>>>> **第 1 章**

引言：从理论到实践

开放内容许可原则旨在促进受著作权保护作品的使用和传播。著作权体系是一个相当严谨的制度，它授予著作权人一系列的排他权利，其中包括传播与修改作品的权利等；若未经权利人许可，任何人不得从事这些行为。

尽管如此，出于某种目的也可以未经许可而使用。这是对排他权的"限制"或者"例外"情况，其中包括诸如有权引用作品及进行私人复制等。然而，这些限制不够宽泛，有时也难以评估。开放内容的提出者认为，著作权限制与例外过于宽泛——对于使用者和作者均如此。因此，他们决定建立易于使用的标准许可（即允许在一定条件下使用受著作权保护作品的规则），以促进文化自由和数字共享体系的发展。如今，数以百万计受著作权保护的作品是根据知识共享许可在网上发布，包括电影、音乐、形象、文字和图形等，这些作品在未经著作权人明确许可的情况下，可以免费使用、传播、修改或者重新混合。因此，可以说，过去 10 年让数据共享成为现实。

开放内容模型依赖于下列3个基本原则。

（1）简化法律交易原则

开放内容许可在网上发布，任何有兴趣的作者和其他权利人都可使用。该许可为权利人提供了工具，使他们能够与任何热衷于使用其作品的人达成具有法律约束力的协议。不同于通常的法律（合同）交易，当事人——许可授权者（权利人）和许可受权者（使用者）——没有必要通过其他方式联系对方。

（2）授予了广泛的、免版税的使用许可

出于大多数的目的，使用者都可以自由使用作品。事实上，使用者使用该内容的权利比在常规著作权法所包含的例外宽泛得多。所有权利都免费授予。此外，权利人可以在多种许可中选择——从非常限制性的许可到非常宽松许可，这使他们能够决定哪些权利被免费授予、哪些权利为个人保留。

（3）法律不确定性降低

因为使用者和权利人执行的法律制度相对于著作权法本身而言简单了许多，所以他们都能受益于许可的简单性。许可授权者的受益之处在于，他们能够用普通的、标准化的语言告知使用者应该如何使用其作品。能理解的规则更可能被遵守。此外，使用者知道他们能做什么并能很容易地理解他们所需承担的义务。

开放内容理念的指导原则是"保留某些权利",该原则是从许多光盘、书籍或杂志中的传统著作权警告"保留所有权利"中孕育而来,并与之相左。与此同时,"保留某些权利"的原则使开放内容的概念与公共领域区分开来:开放内容既不是免费的(著作权),也不能未经许可甚至无规范地擅自使用。它是受著作权法保护并且仅仅适用于权利人对其作品选定了具有法律约束力的许可条款的情况下。因此,公共许可并非有关知识产权(IPR)的政治与法律声明,此概念也并未挑战知识产权制度。公共许可是一种有利于对受著作权保护的作品进行管理的概念,该概念有助于权利人和使用者实现双赢。

本书旨在促进开放内容和开放内容许可的合规与正确使用。本书是为任何希望了解更多有关开放内容的人——特别是作者、企业、组织和使用者——所编制,并不仅仅是为法律专家所编制。其目的是确保信息和语言的通俗易懂。这就要求在简洁性和专业准确性之间达成平衡,希望在当前的出版物中已经实现这一点。非常欢迎读者对本书内容进行反馈并提出进一步建议。

请注意,本书提供有关开放内容许可的一般信息并回答常见问题,在某些情况下,仅反映了笔者的个人意见。本书并不打算构成或替代法律意见。对于那些在特定的情况下需寻求法律意见的读者,笔者建议咨询相关律师。

第 2 章
开放内容许可基础知识

2.1 背景

开放内容原则是建立在自由和开放源码软件（Free and Open Source Software，FOSS）运动理念的基础上的。由于 GNU-Linux 及其许可——GNU 通用公共许可（GNU General Public License，GPL）的巨大成功，开源方式在 20 世纪 90 年代的软件市场得以确立。GPL 创立于 1989 年，是第一个免费的软件许可，它允许使用者使用、学习、共享和修改软件。如今，整个市场都是建立在开源软件的开发、维护、定制和销售基础上的。开放内容原则的发明者采用了 FOSS 的基本思路，并将其应用到其他形式的创造性贡献中，如音乐、电影或图像。

开放内容运动的主要领导者是美国哈佛大学法学院的法学学者劳伦斯·莱斯格。2001 年，他与哈尔·阿伯尔森和埃里克·埃尔德雷德联合创立了知识共享（Creative Commons，CC）倡议（又称"创作共用"许可协议），以推动数字共享。CC 的目的是鼓励和帮助作者开放其作品的一般用途，而不必依赖于昂贵的、复杂的法律咨询或将权利贡献给公共领域。为了这个目的，CC 设计并发表了各种不同的许可，许可授权者易于用这些许可处理其作品，使用者也容易遵守这些许可。此外，该倡议在其网站上提供有用的信息和一些免费工具，任何人都可使用。

除了其基本理念之外，开放内容是一种基于著作权法的许可模式，将受著作权保护的作品提供给公众，使得公众可以自由和不受阻碍地使用。然而，作为一个许可制度，知识共享许可并不基于公共领域也不是企图把作品带入公共领域。相反，其依赖于有效的著作权保护。没有著作权，许可就不可能有效，尤其是涉及许可责任的执行时。

颁发许可是指授予第三方（除权利人之外的任何人）使用受著作权保护的作品的权利。但是，许可只在一定条件下授予，并且使用者需要遵守相应义务。例如，开放内容许可可能强制许可受权者每次使用时都要致谢作者。这种权利和义务之间的关系可以表述为："在保留原作者署名权的情况下，您可以重新发布其作品。"

开放内容许可通常适用于每一种创造性的作品。CC 许可协议是通用许可，可用于音乐、电影、文本、图像和其他创造（后面提到的"再创造"需要具有前提条件）。然而，CC 许可协议不能对软件进行许可。作为技术产品，计算机程序需要不同的许可条件。事实上，有适用于软件的特定许可，如上述的开源许可。另外，还有一些适用于其他技术创造产品（如数据库）的特殊许可。

开放内容有时也被称为反著作权方法。然而，事实并非如此。开放内容是权利人以特定的方式管理其著作权的一种模式。开放内容不反对著作权本身，而是允许许可授权者对传统的"保留所有权利"的做法采取不同的方法。开放内容许可是一种可以服务于作者个人利益和公共利益的工具。但是，由每个著作权人来决定开放内容许可是否适合其个性化需求。

2.2 不同的开放内容授权模式

与自由和开源软件不同，术语"开放内容"没有明确定义，即没有普遍公认的定义。这使得各种分歧的许可都属于开放内容许可。在本书中，开放内容许可（也称"公共许可"）被认为是标准许可——该许可允许许可受权者至少有权为用于非商业目的，以任何方式、在任何媒介上免费发布、公开提供并复制作品。当然，如可允许制作和发布衍生作品及鼓励商业用途的更宽容的开放内容也被包括在此定义内。

当涉及对作品的创造性使用——进行修改和传播修改

版本或出于商业目的使用作品时，各许可之间存在着很大差异。虽然一些许可允许修改、翻译、更新、混合或定制作品，有些许可却不允许。在那些允许修改的许可中，一些许可遵循"著作权原则"，也称相同方式共享（ShareAlike，SA）。这种条款下的开放内容作品的修改版本也要遵循原作品作者的许可方式；如果有人修改作品并发布新的版本，他们必须授予其使用者原作品适用的自由。这一原则背后的理念很简洁：一个开放内容作品应在其所有的表现形式和版本上保持开放。如果没有相同方式共享的义务，作品的修改版本也可以按照专有许可框架来发布和传播。但这反过来可能会有悖于原创者的本意。

2.3　使用开放内容许可的益处

使用开放内容许可有几个益处：除了使作品有可能更广泛传播之外，也增加了使用者的法律确定性，并能显著降低法律交易成本。

（1）广泛传播

开放内容许可的主要目的是允许广泛传播。通过授予或多或少无限的传播权及赋予许可受权者共享内容的权利来鼓励传播。这是合法共享的重要前提，因为著作权法规定——至少在欧洲——未经权利人明确同意不提供公开共享受保护内容的权利①。这同样适用于在线和离线共享。开放内容许可允许使用者将作品上传到网站、博客或其他网络出版物上；还允许生产作品的任何形式的复制，如DVD、CD或书籍，并且这些副本可以没有任何限制地传播给任何人。

不可低估作品潜在宣传的积极作用。例如，如果没有开放内容许可，通过其他在线资源进行的作品共享就需要遵循共享者和权利人之间的个人协议。对于那些想修改作品或想将某作品与其他作品进行混合并发布修改后版本的人而言同样如此：根据著作权法规定，所有这些使用都应取得权利人的个人同意。相比之下，开放内容许可的许可授权可自动成立。

通过促进所需的合法交易，开放内容许可不仅服务于作者的利益，而且还服务于一般公众的利益。事实上，作者和使用者都受益于越来越多有趣的创意内容——他们可以免费访问和出于不同的目的使用这些创意内容。换句话说，他们受益于不断增长的"文化公地"——无须签订复杂的个人协议，就可接收内容并进行创造性地使用。

公共利益的因素不一定会激励作者开放其作品。但是，开放内容尤其适用于那些拥有创意内容著作权的公共

---

① 在美国及中国也是相同的情况。

机构，因为它们是为了公共利益而生产和发布作品，而不是出于商业目的。由于上述作品的创作和出版费用大部分由纳税人承担，笔者特别推荐公共机构使用开放内容出版策略。

另外，从私人权利人的角度来看，开放内容的做法并不一定只是利他的。否则它也不会这么成功。开放内容能促进共享，从而分散和传播信息资源。相对于限制性的传播理念（如"保留所有权利"），开放内容通常对作者更有利。如果内容足够有趣而使很多人来分享它，它会占据搜索引擎的显著位置，从而获得更大的知名度。

开放内容反过来可能对作者的知名度和对他们作品的需求产生积极影响。而且，这也带来了潜在的经济利益：对于在数字时代中占据主导地位的注意力经济而言，注意力是稀缺资源。其实，注意力是一个重要的经济因素：关注度导致点击率；点击率产生广告收入并且增加知名度；知名度的提高会产生更多需求和更高工资。尤其是在互联网上，相对于"保留所有权利"的范例，给使用者更大的自由和较少的控制往往会导致更高收益。

为了理解这个理念的整体效果，有必要将"开放""免费"和"非商业"进行区分。"免费软件"中的"免费"及"开放内容"中的"开放"并不等同于"免费"，而是指"自由使用"。公共许可致力于为使用者提供按照他们理想的方式来使用受著作权保护内容所需的权限。遵循在公共许可中所包含的条件，他们可以自由地使用内容，即复制、传播和供人使用。此外，也不要求支付许可费。这种额外的模式——版税（授权费用）自由应该支持自由使用。如果没有它，很多人会因无力支付使用费而不能使用。

然而，这种模式并不一定意味着开放内容必须是免费提供的，或者只能非商业化地使用；也不意味着一个作者或出版商无法通过向公众提供作品来获利。如果是上述情形，开源软件行业是不可能存在的。

（2）提高法律的确定性并简化法律交易

对使用者和权利人而言，开放内容许可提高了法律的透明度和确定性。著作权是一个复杂的问题：一个法律外行人士很难明确在什么情况下可以合法复制作品提供给私人出于教育与学习的目的进行使用。相比之下，开放内容许可——如 CC 许可协议——用通俗易懂的语言告知许可受权者他们可以做什么、他们必须遵守哪些义务及他们应该避免做什么。这些解释对许可授权者也有利，因为他们通常不是法律专家（尤其是在作者自己是权利人的情况下），他们可以用开放内容许可这种方式获得关于使用作品规则的所有必要信息。

开放内容许可的另一个重要益处是简化权利人和使用者之间的法律交易。开放内容许可是标准化工具，可以使双方的交易更加简单。起草和谈判个人使用许可合同是一个复杂的问题，通常需要律师的参与。在国际环境（互联网）中将受著作权保护的作品设为应用于公共领域则更为复杂。开放内容许可能使作品的创造者和其他权利人摆脱这些复杂事务。值得注意的是，大规模的倡议（如 CC）所发布的许可文本完全由法律专家起草并且免费提供给权益相关方使用。

（3）主动放弃控制权

开放内容许可要求权利人愿意主动放弃对自己作品的控制权。没有或者只有非常有限的控制并不一定是坏事，这是公共许可的一个特征。事实上，在大多数情况下对内容使用的完全控制是一个虚假的概念，特别是涉及互联网出版物时，无论一个人是否适用"保留所有权利"或"保留某些权利"的做法。一旦一篇文章、一张图片或一首诗在网上提供，使用控制通常就消失了。换句话说，内容越流行，则越难以有效地对其进行控制。其将会在互联网上共享，无论合法与否，除非采取强制措施——诸如刚性的技术保护措施（TPM）、数字版权管理（DRM）或者执行权利外延策略，这就要求律师、盗版机构或其他侵权方式共同参与，达成协议。

因此，关于是否进行控制的关键决定，本质上是作品上不上网的问题。一旦一小部分作者决定将其作品上传到可公开访问的网站（大型企业可能不同），那么，根据公共许可进行出版是合乎逻辑的下一步行动。不能否认，可能会有人打破规则，他们可能既不遵循著作权法，也不遵循开放内容许可。然而，对于那些受制于著作权法复杂性的众多使用者而言，开放内容许可不仅提供了自由，而且还提供了指导。

大多数人都愿意遵守法律，但如果没有能帮助理解有关规则的信息，他们是注定要失败的。是否允许下载在线内容、分享它、将其打印出来、使用它？根据著作权法，大多数使用者不能回答这些问题。开放内容许可通过向使用者提供简短和简单的答案来回答。例如，可能声明："您可以使用任何您想要的内容，前提是您必须遵守许可义务。"换句话说，开放内容许可明确了使用者可以了解并遵守的方式。由此引起的法律确定性不仅有利于权利人，也有利于使用者。

2.4　开放内容许可的法律问题和实际影响

以下将详细描述开放内容许可的一般功能及其实际影响。这些方面通常适用于所有类型的开放内容许可。有关特定许可类型的更多信息，请参见第 3 章和第 4 章。

(1) 许可授予的范围

如前所述，开放内容是建立在"保留某些权利"范式的基础上的。虽然使用作品的大多数权利得到了许可，但是也保留了一些权利。

因此，开放内容许可为任何有兴趣的使用者提供了机会，他们可以获得内容广泛的使用权：以任何方式、出于任何目的、利用任何媒介、在任何地方、不受地域或时间限制。然而，对于商业使用及修改可能存在限制（这取决于适用什么样的许可）。例如，这就意味着一部根据一个公共许可出版的小说可随意被复制——以数字或非数字形式均可。它可以被扫描或以其他方式数字化、上传到服务器、保存到硬盘或下载。在著作权方面，所有这些用途称为"复制品"。该作品也可以被打印和（重新）传播。例如，作为一本纸质书、电子书，或在互联网上公开。音乐可能会被允许公开演奏；诗可以被朗诵和播放。

开放内容许可旨在方便受保护作品的使用——无论在何种地域使用。在许可起草过程中，已经考虑到了这个问题：由于许可具有非歧视性，其适用于全球范围。

此外，被授予的权利没有报酬或任何其他形式的补贴。然而，这并不一定意味着作品的获取与访问是免费的——虽然通常是免费的。

当作品所遵循的许可协议并不包含有权修改作品并传

播这些修改后的作品时，保留的权利开始发挥作用。任何想获得这些"保留权利"的人都需要与权利人签订使用许可合同。例如，作者可能会决定使用一个非商业许可并根据实际情况判断对其作品的使用是否属于商业用途，并在有人想用自己的作品来实现盈利时要求著作权使用费。如果一个许可授权者决定选择限制性许可（如非商业授权），这并不一定意味着他们反对公共许可授权范围外的使用。这样的使用本身并不禁止，但须与权利人签订协议。

(2) 作品所有副本的适用性

公共许可总是适用于一个特定的作品，而不是该作品的某个副本。一个作品是一种无形的创造，它体现了作者的个性。图片、文字、音乐作品或者图形设计是作品，然而音乐或图片文件、书籍或期刊只是作品的有形化身，而不是作品本身（这里要区分作者的智力劳动与作者的智力劳动的产品形式）。

许可协议的重点在于：授权许可适用于作品本身，而不是该作品的一个特定副本。如果一个人不知道作品和副本之间的差异，他可能会做出有关许可效果的错误假设（作者的智力劳动是独一无二的，但是它的产品形式可以具有多个副本，要看在什么条件下予以保护或者开放）。

例如，在开放内容许可下的一个普遍做法是自由地共享低分辨率的图像文件和低品质的音乐文件，因为人们认为该许可并未涵盖可以共享这些图像或音乐作品的高清晰度版本的权利，其仍然可以进行商业使用。这种策略是基于错误的假定，即许可仅适用于作品的低分辨率副本。然而，授权的并非所述各自的作品副本，而是作品本身。开放内容许可适用于该图片的所有副本，与副本的质量无关。低分辨率和高分辨率版本的照片并不构成不同的作品，而只是相同作品的不同格式。

换言之，如果按照开放内容许可可以共享作品的低质量副本，那么该许可也适用于同一作品的高品质副本。因此，有可能通过付费墙或其他技术保护措施来限制访问高分辨率的副本。然而，一旦一个使用者持有高分辨率副本，他可以根据CC许可协议（根据CC许可协议可以发布低分辨率作品）条款进行分享。

（3）无版税

所有开放内容许可都遵循"无版税"范式。无版税是指免费授予人们该作品的使用权。但是，它并没有影响任何其他可能的收入来源。例如，虽然一本书本身可以出售，其内容（文章、图片、图表等）仍可以是开放内容。在这种情况下，买方只需支付（物理形式）硬拷贝的价格，换言之，购置物品即纸、封面等。开放内容许可适用于这本书的内容，即作品的使用受著作权的保护。它赋予了使用者复制、传播、提供该作品的权利，而且无须支付任何版税或者许可费。

再举一个网络世界中的例子:访问一个开放内容的在线知识库可能会需要付费——尽管它所提供的作品是根据公共许可发布的。在这种情况下,订阅费是因服务而收的,而不是为了内容的使用权。因此,订阅并不需要版税,它与"无版税"范式并不冲突。

在此背景下,商业经营模式可以很容易地与开放内容理念协调一致。任何想要将开放内容出版策略和商业模式结合的人都可以这样做。实际是否使用相关模式必须根据具体情况进行评估,因为各自情况都具有特殊性。

(4)许可合同的结论

许可是使用受著作权保护作品的权限,没有权限的使用将构成侵权。许可是一种合同还是简单的、单向承诺,会因司法管辖区而有所不同。但是,效果都是一样的:许可是能够支配特定作品使用的有效法律协议。那些不在许可范围内及不遵循许可义务的使用,是负有法律后果的非法行为。

缔结公共许可很简单。第一步即许可授权者通知潜在使用者对其作品在一个特定的许可条款下同意使用。这是通过对作品附加许可通知来完成的,该通知包括一个链接到许可文本的链接。从法律的角度来看,这种行为要求公众(权益相关方)根据许可条件使用该作品。一旦使用者以涉及许可的方式使用该作品，许可协议将被缔结，许可受权者则有必要的权限合法使用该作品（但也有责任遵守包含在许可中的义务）。

（5）使用开放内容许可的先决条件

为了能够将作品授权为开放内容，许可授权者需要拥有所有必要的权利。公共许可将一个作品的非独家使用权授予任何权益相关方。为此，许可授权者需要有公共许可所包含的所有权利的排他权。单纯的非专有权利的所有者通常不能将权利授予第三方。

如果许可授权者没有或者没有充分权利来授予这些权利，许可授权在全部或部分是无效的。其结果是，许可授权者因其实际上并不拥有权利而侵犯了著作权。更糟的是，所有的使用者也侵犯了著作权，因为许可授权是无效的。

后者的法律依据是只有权利人可以将其权利授予他人。没有权利的许可授权者的授权许可是无效的。例如，一个出版商拥有一个小说的独家印刷和发行权，但没有在线提供小说内容的权利。在这种情况下，出版商不能成为一个作品的开放内容许可授权者，因为开放内容许可也涵盖在网上提供内容的权利。通过应用开放内容许可，出版商会侵犯（为防止理解困惑，这里假设是作者的）内容可无线访问的权利。这同样适用于那些在网上提供小说的开放内容许可受权者。由于许可授权者不具有该权利,因此,使用者也不能从他们那里获得。许可授权者及使用者实际上知道或本应该知道缺乏该权利。

许可授权者如何取得许可授权者的资格呢?作者永远是著作权的最初所有者。如果作者本身是许可授权者,那么就不需要进一步的操作。但是,如果第三方是许可授权者,就需要一个或多个权利的合同转移。当权利被反复转移,建立一条一致的许可链来确定正确的授权许可授权者是非常重要的。换句话说,如果一个作品在根据公共许可发布之前经历了多次从一方授权给另一方的情形,所有的许可交易必须涵盖所有必要的权利并且应该是有效的。

(6) 分散式与集中式许可方案

目前存在许多不同的开放内容发布策略。但是,设计一个可持续、有效的策略则非常棘手。有些情况要求在根据公共许可的实际出版之前转移权利,另一些情况则不要求。何种模式可行,要看具体情况。我们将使用在线百科全书维基百科来例证两种主要方法。

维基百科是一个巨大的、多作者的合作项目。其邀请任何愿意做出贡献的人来完成。作者可以上传自己的文章并对现存文章进行修改。所有贡献者都按照相同的CC许可协议(CC BY-SA)进行发布。在这个项目中有两种主要许可方法:每个作者作为自己贡献的许可授权者;或者所有权利都整合在一个中央机构，如维基媒体基金会（Wikimedia Foundation）所充当的角色，作为所有发布内容的许可授权者。前者称为分散式许可方案，后者则称为集中式许可方案。

1) 分散式许可方案

维基百科的创始人选择了分散式许可方案。那些在维基百科中贡献了受著作权保护的文章或修改现有文章的作者保留其排他权，并将其授权给使用者，没有转让任何权利给维基媒体基金会。因此，维基媒体基金会不能充当这些文章的许可授权者。在这种情况下，从著作权角度来看，维基媒体基金会是一个平台提供者并提供服务，而不是一个出版商。

这种模式也可以为其他出版物采用，如文集、开放获取知识库、图像和视频平台。原理很简单：不同于传统的出版和授权模式，发布者（这个术语对于平台提供者而言是合适的）既不是其发布内容的权利所有者，也不是许可授权者。作者保有自己的排他权，并基于非专有性通过开放内容许可授权给他人，包括发行商、平台提供商自身。在许多情况下，开放内容许可授权足以使提供者自己的使用合法化。

然而，在某些情况下，公共许可授予可能不够广泛到充分地授权给出版商。例如，一个出版商愿意印刷和销售一些作者文章的选集。这些文章是根据公共许可出版的，作者能够保有其排他权。在这种情况下，出版商只是书的供应者，而不是这些文章的许可授权者。为了防止其他出版商的商业竞争，出版商可能决定根据 CC 非商业性（NC）许可出版这些文章。作者可能按照 CC BY-NC 许可授权其贡献作品。

在这种安排下，CC 许可协议不包括出版商自己的使用，因为售书算是一种商业用途。该出版商必须与作者签订一份附加协议，该协议授权出版商能够对该文章进行商业使用。这种额外的协议可能是一份书面合同或是一种单向"容器许可"。可以按照普遍情况或者某个作品的具体情况来授予该作品的商业使用权。

2）集中式许可方案

所有权利可以转让给出版商，由出版商担任根据开放内容许可出版的作品的许可授权者。这要求作者和出版商在作品出版前达成具体的许可协议。

例如，假设维基百科遵循集中式许可方式，所有的权利都将被转移到维基媒体基金会（或其他的法律机构），维基媒体基金会成为 CC 许可协议授权者——因为所有维基百科文章的作者都将权利授予该基金会。为了实现权利从作者到出版商的转移，必须与每一位作者签订"贡献者协议"。这些协议也被称为"入站许可"。

为建立正确的授权链，入站许可的范围必须与出站许可一致。在这种情况下，作者必然会将其排他权授予甚至完全转让给出版商，因为通常非专有许可——尽管各国之间存在差异——不允许再许可或将权利转交给第三方。此外，就地域和持续时间而言，许可授权不受限制。由于开放内容许可授予全球使用者永久使用作品的权利，许可授权者的权利必须是平等的。

许可权利在入站许可中是否及在何种程度上受限制取决于出站许可，即开放内容许可。例如，如果使用非商业性（NC）许可，入站许可（贡献者协议）可能被限制在非商业用途。或者，如果该项目决定使用禁止演绎（ND）来作为出站许可，作者就没有必要将改编权转让给出版商。是否推荐这样的限制取决于实际情况。由作者个人来决定是很合理的，如商业使用。在其他情况下，出于使用或财务方面可能会建议所有许可授权由一个机构实施。

入站许可证应明确提到，将允许公共许可所涵盖作品进行出版。这是非常重要的，因为某些司法管辖区强制要求如果要进行再许可或者将权利转让给第三方，需要取得作者的明确许可。虽然可能并非每个欧洲司法管辖区都如此，作者仍然需要知道其作品将作为开放内容出版。对按开放内容出版的作品的使用会远比在受控许可的情况下广泛。当出站许可允许修改，可能会影响作者的精神权利。

分散式与集中式许可方案哪种更优取决于特定的情况。乍一看,可能会认为分散式许可方案组织起来较为简单。例如,它不需要出版商和作者之间复杂的许可管理。此外,它将避免出版商的责任问题。如果出版商是许可授权者,他们会为其提供的内容承担责任。如果作者个人是许可授权者,责任问题通常只影响到他们自身。如在维基百科中作者是唯一知道内容和贡献历史的人。因此,不难得出他们本身就应该对此负责。

大规模的多作者的合作项目——如维基百科,集中式许可方案或权利管理是非常复杂的。但是,对于较小的项目而言同样如此。例如,一个研究所想根据CC许可协议出版一本包含来自20个不同作者的文章的文集。不必长时间谈判,我们就会发现作者们不能达成一致的许可模式。一些作者根本不同意公开许可,其他人则只希望提交已发表在杂志上的文章。后者不属于开放内容,因为作者已经将其排他权转移给了出版商且仅保留了唯一的非专有的重新出版权利。在那些统一开放内容出版的作者中,有些作者赞成允许许可,如CC BY;而有些作者则想保留其作品的商业使用权从而支持CC BY-NC。

在分散式许可方案中,每一个作者可以单独决定其贡献的出站许可。那些赞成开放内容许可的作者们可以根据公共许可发布自己的文章。其他作者可能会保留所有权利。相对而言，集中式许可方案则需要该机构与每一位作者协商授权协议。这一工作将花费时间和金钱。

采用集中式许可方案有多种原因。例如，商业出版商持有所有权利可能是有利的。尤其是在大规模的多作者的合作项目中，相较于分散式许可方案，集中式许可方案的基本决定会更容易些，在分散式许可方案中必须征求每一位权利人的许可才能实现，如更改项目的许可。一般来说，如果有关授权、营销策略和商业模式的重大决策依赖于很多个人的认可，问题肯定将会出现，因为这样的决策结构是高度不可预测且几乎无法控制的。

底线是有关出版模式和许可方案的决定必须考虑周全。每个概念都具有优点和缺点，需要相互平衡。这是最重要的，因为这样的决定不能轻易撤销，且对于该项目的成功是至关重要的。

（7）重新出版的缺陷

许可授权者必须确保其开放内容许可不违反第三方权利。特别是，对于已经商业出版作品的再版可能会引发问题。例如，杂志或报纸上的出版物往往要求将作品的专用权转让给出版商。在这种情况下，开放内容许可的二次出版是不可能的，除非得到出版商的同意。否则，作者会侵犯出版商的排他权，尽管他们享有署名权（如果适用，所谓的自我剽窃问题将独立于著作权之外）。

出于这个原因，应该在组织开放内容项目时明确作者有权根据公共许可重新出版其作品，并且没有第三方的权益受到侵害。这些权利可能源于贡献者自己的合法所有权（精神权利、财产权利、独家使用权等）或源于开放内容许可。例如，在已经获得与维基百科中使用的开放内容许可兼容或相同许可的情况下，维基百科的内容可以由任何非作者或著作权所有者上传。

（8）使用开放内容许可的实际效果

如前文所述，公开的内容许可与在网上发布的访问许可授权结合，有可能导致一定程度的失控。任何人只要愿意都有权复制、传播、重新发布或以其他方式使用该作品（也许除了商业使用者）。这使得作品产生"自由流动"的同时，也由于使用权是免费授予的，在内容出版后能获得的直接利润受到限制。最重要的是，许可授权——至少对特定版本的作品而言——是不可撤销的。使用许可是永久授予的且不能由作者或权利持有人终止。如果权利人决定改变最初出版后的许可模式，在改变之前所确定的任何许可协议仍然有效。换句话说，事先达成许可的人仍然可以按照最初的许可条款使用作品，即使用和传播该作品，因为已传播作品的许可不能在事后改变。

所有这些因素都表明，有关出版模式或许可模式的首次授权是非常重要的。尽管在理论上权利人可以自由地随时修改授权决策,授权策略只能在作品发生主要更新时才能做出改变。因此,通用开放内容出版决策及特定许可的选择必须要小心谨慎。

(9) 开放内容许可的实施

开放内容不是权利自由且并不等同于公共领域。如果有人使用作品的方式未经许可条款允许,权利人可以根据著作权法和/或合同法采取法律行动。

此外,CC 许可协议包含了保证有效的可执行性的法律条款:自动终止条款。根据该规则,任何违反许可的行为将自动终止许可。如果没有有效的许可,任何进一步的使用将构成侵权,可引发被侵权方要求损害赔偿、强制执行令及其他法律补偿。例如,一个博主只在其博客中张贴了根据 CC 许可协议许可的照片但并未提供著作权和许可声明。这种用法违反了许可要求,因此,可能会受到合同补偿措施及补充版权声明(因为许可将自动终止)的要求。

(10) 许可兼容性问题

开放内容的一个主要好处是它可以与那些想重新出版的作品结合,或融合到该出版物中。但是,许可不兼容威胁着公众许可这一目标。

术语"许可不兼容",表示两个或两个以上的作品因相互矛盾的许可义务而不能作为联合作品发表。许可不兼容性是相同方式共享许可的不良反应。简单地说,这些许可设有一个条款，该条款规定作品的修改版本只能按照原来的许可进行共享。除了对作品的直接干预（如缩短或翻译一篇文章），"修改"一词也可以适用于组合作品，特别是对作品进行混合或混搭。

例如，一个照片艺术家，他发布了一张照片，该照片由一张已获得 CC BY-SA 授权的照片与另一张根据不同的相同方式共享许可协议（如 GNU FDL）发布的照片拼接而成。在这种情况下，这两种许可将有相同的要求："你只能根据我的许可条款共享一张组合作品或修改作品。"除非这两个许可的条款在内容上是相同的，或者至少等同——这是非常不可能的；如果这两个许可是不相容的，那么其内容也不能进行组合。服从一个许可必然会导致侵犯另一个许可。如果有人想组合不同许可下的文章或图形，可能会发生同样的结果，这取决于具体情况和各自对许可的解释。

许可不兼容违背了当初设立和增加受保护作品的"文化公地"的目标：将这些作品重组、重新混合和重新结合从而创造新的文化内容。由于目前对于许可不兼容问题没有明确的解决方案，在选择许可时应仔细考虑其潜在影响。

>>>>> **第 3 章**
知识共享许可使用方案

CC 许可协议是目前使用最广泛的开放内容许可模式。它的普及和广泛使用意味着 CC 许可协议如今事实上可视为开放内容许可的标准。

3.1 6 种知识共享许可类型概述

为了满足不同发布策略的不同需求，CC 提供了 6 种许可和 2 个公共领域的工具。每种许可包含 4 个基本要素中的 1 个或者多个（以下简称"许可特征"），这些要素由缩写和图形表示（图 3-1）。

"BY"代表归属（承认作者和其他各方贡献的义务）；"NC"代表非商业性（商业用途被排除在许可授权之外）；"ND"代表非演绎性（只能一字不差地共享作品）；"SA"代表相同方式共享（作品可以修改且修改后的版本可以发布，但只能在原许可或兼容许可下进行）。

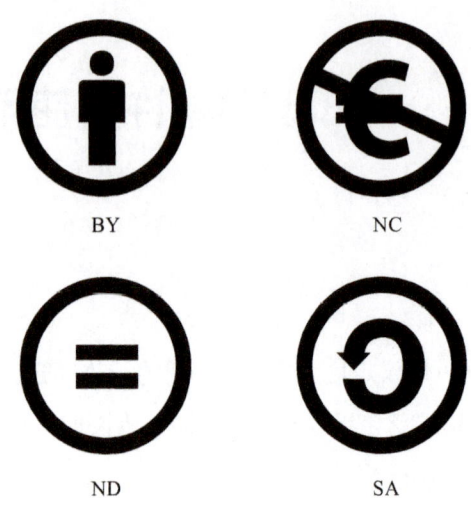

图 3-1　CC 许可协议特征图形

这 4 个特征构成了 CC 许可协议的 6 种变化（图 3-2）。最宽松的许可是 CC BY。它将授予使用者无限制的、不可撤销的、免费的、世界范围内的、无限期限制的使用权，任何人都能以任何方式、出于任何目的来使用授权作品。唯一的要求是，承认作者和其他各方贡献并保留著作权和许可声明。所有其他的许可版本则有进一步的限制。最严格的许可是 CC BY-NC-ND。其要求既不允许修改，也不允许商业性使用。本节概述了不同的 CC 许可协议类型。不同许可的功能、限制和义务将在第 3.5 节做更详细的解释。

（1）CC BY（署名）

如上文所示，CC BY 是授予使用相应内容无限制的许

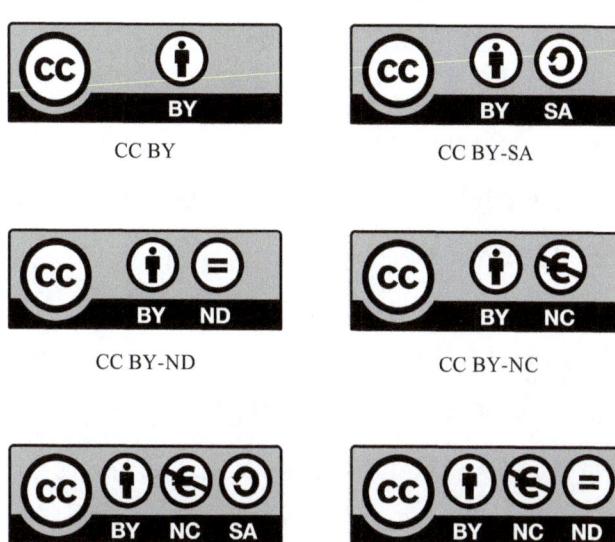

图 3-2　CC 许可协议的 6 种变化

可。内容如何使用都是无关紧要的，如使用原始的或修改的形式、由何人或出于何种目的。根据知识共享协议条文许可协议条款，必须满足的义务包括：

①作者及其他有署名权的各方必须按照许可授权者要求的方式进行署名——符合署名要求的合理形式。

②如果许可方提供，那么必须保留著作权声明、引用的 CC 许可协议（最好为链接到 CC 网站的链接）、担保和责任通知及链接到原始作品的链接。

③如果共享的是作品的修改版，必须表明它是一个修

改后的版本，必须保留以前的修改标志。

④如果许可方要求删除第②条提到的任何信息，只要要求合理，使用者必须遵从。

⑤许可受权者不得给人造成这种印象：其使用得到了许可授权者或者有署名权的任何一方的许可。

(2) CC BY-SA（署名-相同方式共享）

作为维基百科的通用授权，CC BY-SA 是最重要和广泛使用的 CC 许可协议之一。那些愿意将自己的内容上传到维基百科上的人，或者那些想将其与维基百科的内容结合起来的人，都要采用 CC BY-SA。

CC BY-SA 和 CC BY 之间的唯一区别是许可协议条款中的相同方式共享条款。根据 CC BY，任何修改了原作品的人都可以根据他们自己选择的条款发布修改版。但是，CC BY-SA 则要求修改版应符合原许可协议的条款。换句话说，修改版必须在 CC BY-SA 或兼容的许可下共享。除了上面提到的有关修改的责任，修改者采用的许可必须符合以下条件：

①修改者的许可，必须是原来的许可或原许可的新版本，不能使用更早期的版本。也可以是包含相同的许可功能的 CC 许可协议，如 CC BY-SA 许可移植版。

②必须包含超链接或其他修改者许可的合理引用。

③修改版的使用，必须没有附加条款、条件或者 TPM

的限制。

（3）CC BY-ND（署名-禁止演绎）

CC BY-ND 不允许对作品进行改编。为了保护其完整性，只能传播和分享与作品完全一致的副本。禁止演绎的限制会导致不同内容组合的问题显著，如在混合、取样或联合出版物的情况下。除此之外，该许可条款与如上所述的 CC BY 是一样的。

（4）CC BY-NC（署名-非商业性使用）

与上述许可相反，CC BY-NC 保留了商业使用内容的权利，即如果使用者的目的是实现商业利益，那么禁止他们复制作品或对作品进行演绎。除此之外，该许可与 CC BY 相同，也因此有同样的义务。

（5）CC BY-NC-SA（署名-非商业性使用-相同方式共享）

CC BY-NC-SA 结合了非商业性使用和相同方式共享的功能。因此，能对作品进行改编，而改编版可以在 CC BY 第②条所指的条件下共享。然而，不允许将许可材料——原始材料及改编材料——用于任何商业用途。例如，麻省理工学院（MIT）在开放课件项目（OCW）中使用了该许可。

（6）CC BY-NC-ND（署名-非商业性使用-相同方式共享-禁止演绎）

CC BY-NC-ND 是最严格的 CC 许可协议，既不允许修改也不允许商业用途。在 CC BY 第①条中提到的一般义务上也适用于本许可。

3.2 知识共享在公共领域的工具

如前所述,权利人使用开放内容许可时,保留了他们的著作权。他们仅仅授予别人在一定条件下使用其作品的权利。与此相反,公共领域中的作品完全不(或不再)受著作权保护且可以不受限制地使用。因此,无须允许,无须许可。为了标记公共领域的作品,CC 许可协议提供了 2 种工具:CC0(不保留著作权)声明将自己的作品贡献给公共领域;公共领域标记用来标注作品已经不受保护了,如因为保护期限已经过期,或者因为它们一直不受保护。

(1)CC0(不保留著作权)

CC0 是一个刻意将受著作权保护的作品奉献给公共领域的工具。因此,它基本上是放弃权利的。一旦生效,一个作品就属于公共领域,任何人可以没有任何限制或义务地进行使用。CC0 是这种放弃权利的标准化声明,任何人愿意将其作品奉献给公共领域的人都可使用。

由于司法管辖区的不同——特别是不同国家之间著作权制度和作者权利制度的差异,CC0 被设计为一个三层的法律文件以确保其在全球范围内的有效性。在作者的权利系统，如德国、法国和奥地利，通常不可能完全放弃作者的权利，或者换句话说，放弃对作品的所有权。作者的权利被认为是某种既不能放弃，也无法转让的精神权利。因此，在这些作者权利制度中，一个简单的放弃可能会是无效的。为了避免这种困境，CC0弃权补充了两个备选方案：第一个备选方案类似于CC BY，但没有署名要求。因此，这是一个没有任何限制与义务的许可。第二个备选方案是CC0，通常被称为"不主张承诺"的法律结构。它是权利人不以任何方式执行其权利的具有法律约束力的承诺——即使执行其权利的做法是合法的，因为放弃和/或许可无效。

三层方法背后的理念是：如果第一个解决方案无效，则第二个方案生效；如果第二个解决方案同样无效，那么第三个方案开始生效。在某些司法管辖区，某些权利永远不能放弃或服从于一个总括的许可。在这些情况下，第二种备选方案将发挥作用。

（2）公共领域标记（没有已知的著作权）

与CC0相反，公共领域标记并非一个声明，而是已进入公有领域作品的标签。例如，作品的受保护期限期满终止。著作权和作者的权利只授予一定的时间。如在欧洲，权利在作者死亡后70年终止。在该期限之后，作品进入公共领域并且可以不受限制地使用。

公共领域标记的目的是让任何人都清楚地标明已不再受著作权保护的作品。CC 在其网站上提供了一个工具，该工具产生可用于在线获取的公共领域内容的 HTML 代码。这个代码特别有用，因为搜索引擎能够在因特网上检测这样的内容。

在公共领域标记应用到作品之前，有必要对特定作品的法律状态进行彻底调查。确定具体的保护期可能是困难的，特别是不同的司法管辖区有不同的规则。一些工具可以帮助完成这一任务，如欧洲公共领域计算器（European Public Domain Calculator）。

3.3　通用和可移植的许可版本

多年来，CC 倡议不断发展、改良和现代化其许可证。目前的版本 CC 4.0（以下称为 CCPL4，即 CC 公共许可第 4 版）发布于 2013 年 11 月 26 日。CC 公共许可第 3 版（CCPL3）和 CCPL4 在很多方面不同，即它们含有一些细微但是往往重要的不同之处。

CC 许可协议最初是根据美国著作权法设计的。然而，它本身不打算仅仅成为一个美国项目，而是成为一项国际行动，促进全球文化公地的发展。因此，随着全球对 CC 许可协议的兴趣上升，这引发了需要根据其他司法管辖区的需求开发多个版本的讨论。2003年，CC推出了所谓的国际许可移植项目——"知识共享国际"。"移植"在这个意义上并不仅仅意味着翻译，还意味着适应特定司法管辖区的语言和法律。这样做的目的是使CC许可协议适用于世界各地，使它们在这些司法管辖区中都有效。除了这些移植版本，CC现在也提供其许可版本的国际版，也称非移植版或通用版。

法律语言及规定因不同国家而异。因此，基于美国法律许可的某些部分在世界其他地区可能是无效的。例如，在美国最初CC许可协议的责任和保证免责声明在德国及大多数泛欧消费合同法中是无效的。如果许可条款是无效的，那么会出现复杂的问题。这种复杂性可能会产生法律运行的不确定性，从而阻止组织和个人使用许可。

由于这个问题和其他原因，国际CC项目建立了联盟组织网络将许可移植到各自的司法辖区。CCPL3被移植到60多个司法管辖区。

有趣的是，CC也同时改变了其对移植的态度。目前，还没有对CCPL4的移植。在CCPL4发布的通知中，CC官员说，CCPL4根本不需要移植。在当前版本的常见问题解答（FAQ）中，CC规定："作为4.0版本，CC并不鼓励移植版本，将版本发布后的新移植项目搁置到2014年。到那时，CC将重新评估未来移植的必要性……我们建议您使用

4.0 版的国际许可。这是我们许可的最新版本,该版本是与我们的全球分支机构网络广泛协商后起草的,它已是国际有效的。目前 4.0 版没有端口,如果有的话,也不会创建太多。"①

有人可能会怀疑许可能否在全球所有的司法管辖区有效。然而,许可移植项目暂时不太可能继续,尽管许多权利人可能会更喜欢使用已经翻译成自己的母语而且也适用于司法管辖区的许可。因此,可预见的是,CCPL3 许可将仍然被大量使用,至少一段时间内将是如此。特别是对于有许多作者和采用分散式许可模式的大项目,这是可以预料的。如果众多作品和贡献的许可被改变,若改变为较新的版本或其他许可类型,所有的权利人都需要同意。这是相当困难的,因为不像 FOSS 许可,CC 许可协议不包含"任何更新版本"的条款。

虽然不难理解许可授权者可能更偏爱适合他们自己语言和管辖范围的许可,但是移植版本是否有利的问题取决于很多复杂的因素。最终,答案取决于具体情况。这里,只能对应当考虑的普遍方面进行简要评论。

乍一看,法国的权利持有人对其作品使用法国移植 CC 许可协议似乎很有利。首先,从语言上讲,一个用母语撰

---

① CC 4.0 是国际通用版本,近年已开始在中国提倡。

写的许可更容易理解。其次，当许可是基于一个国家的法律时，更容易估算法律的影响。此外，法国的许可将包含所依据的法律条款，根据这些条款许可合同和所有其他潜在的问题都能得到法国法律的管理。该规则简化了多国许可和许可授权者之间的法律关系问题，因为它为每个司法管辖区指定了一个明确适用的法律。如果没有法律条款的选择，确定适用的法律可能是非常复杂的，因为它可能会因具体许可受权者的国籍或居住地的不同而不同。

但是，需要牢记的是，对许可授权者的法律确定性，可能会导致大多数潜在使用者语言和法律的不确定性——只要使用者生活在不同的国家。法律的不确定性会限制对作品的使用，而许可授权者实质上是鼓励使用者对作品的使用的。

因此，国际/非移植CC许可协议外加"多个司法管辖区方法"可能是有利的，特别是对在线内容而言。这对用于多国、多作者的合作项目许可来说同样如此。对维基百科而言，使用一个国家性的许可将毫无意义。在很多情况下，其结果可能是指定的司法权限对许可授权者与许可受权者双方都是格格不入的。在这些项目中，尽管有其潜在的复杂性，国际法律的解决方案更适合，因为它最有可能的结果是使用许可授权者或许可受权者国家的法律。

(1) 翻译

国际／非移植许可已被翻译成许多不同的语言。对于 CCPL3 而言更是如此。CCPL4 的官方翻译已经开展，多数已在 2014 年年底发布。

(2) 移植和非移植或不同语言的修改版本

如果一个作品已多次修改，在后来的版本中，它会有许多不同的许可版本，即使它最初是根据一个相同方式共享许可并刊登的。在相同方式共享条款允许贡献者（改编者）使用原许可或兼容许可。兼容的许可是相同许可的移植版。此外，贡献者可以选择根据同一许可的新版本来发布修改后的作品。例如，已经使用 CC BY-SA 3.0 发布作品的改编者可以用 CC BY-SA 4.0 发布其作品的新版本。

重要的是，对作品的任何改编仍然包含了原来的作品。从法律角度来看，改编者只能许可他们改编后的作品；未经修改部分仍要遵循原许可。如果没有许可的法律解决方案，改编者不能真正将作品作为一个整体来"重新许可"。这可能导致的混乱情况是：对于经过反复修改的作品需要使用者同时服从多个许可协议的条款。

CCPL4 包含一个新的规则，该规则提供了针对此问题的简单解决方案：修改版的使用者只服从（最后一个）"改编者许可"，该许可附加于特定版本的作品中。人们可以不再纠结之前适用于早期版本作品的许可。

3.4 所有知识共享许可的许可条件、使用者义务和限制

所有CC许可协议有一套标准的几乎相同的通用规则。这些"通用许可功能"适用于所有类型的许可，本节将进行介绍。独特的许可功能——"非商业性""禁止演绎""相同方式共享"，只适用于某些类型的许可，将在3.5节进行详细阐述。

（1）许可授权

不同许可版本的许可协议条款略有不同。共同点是，授予的是非专有的、不可撤销的、免著作权使用费的、全球范围内的许可，其目的是共享和复制材料，无论使用什么形式进行。换句话说，该作品可以以任何形式被复制（数字或非数字的）到任何介质（如硬盘、纸、服务器等）上。它也可以通过任何可能的方式来传输，如通过互联网、通过硬拷贝（CD、纸张及其他）或通过电子邮件。

显然，在有关商业和非商业使用方面，不同许可协议的授权不同，或许引文非商业性使用许可是唯一一个保留商业使用权的许可。同时，不同版本的禁止演绎许可协议和其他许可有关修改作品的权利也不尽相同。尽管禁止演绎许可协议允许改编，但是如果没有许可授权者的授权，"改编材料"不能传播。

根据许可协议条款，所有CC许可协议"不可再授权"。

这代表公共许可的一个重要的基本原则：使用材料的权利由权利人授予使用者。使用者不能将材料中的权利授予其他使用者，即不能再授权。这种规则防止了复杂的许可链，如果该作品可以由使用者重新传播就会产生复杂的许可链。

(2) 许可授权和许可义务的有效性

只有当对作品的使用属于著作权的排他权利范围之内时，许可条款才能生效。当使用作品的方式不在著作权的范围之内时，使用者不必遵守许可义务。下面我们对此进行讨论。

当许可是没有必要且不适用时：内部使用。

许可协议条款第 2.a.2 条声明："例外和限制。为避免著作权限制与例外是否适用于您的情况产生歧义，该公共许可不适用，而且您并不需要遵守其条款和条件。"

此外，许可协议条款第 8a 节声明："为避免歧义，公共许可不应被理解为减少、限制使用，或为任何授权材料的使用增加附加条件，而是可以合法地使用这些材料并且无须批准。"

换句话说，无须许可的使用并不触发许可义务。法定自由使用（版权例外），如引用权并不受许可限制。这意味着在其范围之内，许可义务是无效的。例如，私人复制往往是——虽然不总是——国家法律所允许的，所以私人复制并不需要许可。因此，CC 许可协议不适用于这种用途。使用者不必满足许可义务，就像私人复制时使用者无须认可作者。但是，如果他们决定将其私人副本上传到一个网站，那么该许可开始生效且许可义务具有约束力。[①]

著作权有很多其他方面的限制——不仅仅涉及私人领域的使用。任何在著作权保护之外的使用都可以不必遵循 CC 许可协议。简单地说，CC 许可协议的义务及相应权利的授予，只能在出版和发行的情况下才能生效。尤其是在私人领域，CC 材料几乎可以没有任何义务地进行使用。

根据许可协议条款，只有在作品进行共享时，才必须遵守署名义务。许可协议条款中将共享定义为："通过任何需要许可权同意的手段或过程向公众提供材料，如复制、公开展示、公开表演、传播、发布或引进，以使公众能从一个地方并在其个人选定的时间进行访问的方式将资料提供给公众。"

将这两个条款一起理解，意思就是：如果材料没有传递给公众，使用者无须遵守署名义务。

简言之，"共享"是指将资料传递给公众。但是"公众"是什么意思？这个问题具有巨大的实际意义，特别是对企

---

① 这里要区分著作权限制与例外及知识共享许可，用来说明两者不应混为一谈，尽管往往被一起讨论，但不在同一范畴内。

业使用者和政府机构及私人使用者——因为在公共领域的使用需遵守许可义务和限制；非公开（如私人）领域的使用则不需要。

区分这一概念的重要性可以通过两个案例来说明。一个 Facebook 用户将别人的 ND 照片贴在她的墙上。在张贴之前，她已经在光学和技术上修改了照片。只有跟她直接联系的人才能看到她 Facebook 上的张贴画。如果这种使用被认为是公共的（因为她的联系人将被视为公众），用户会违反许可条款——因为这些许可条款要求改编材料不能提供给公众。但是，如果她的联系人不被视为公众，她的行为没有任何问题。

另一案例是一个公司生产的小册子中包含了一些改编的 ND 照片。这个小册子只在公司内部发行。集团内的使用属于内部使用还是公开发行？如果是后者，使用会违反许可条款。

当涉及 SA 许可时，该问题会更重要。如上文所述，SA 功能迫使改编者根据同一许可授权其改编版。这一要求往往与"出版义务"混淆。事实上，SA 规定不强制要求改编者出版其修改版本。只要他们想要，他们可以自己保持修改版。他们还可以将修改版分享给有限数量的使用者群体，这并不违反 SA 规则。因此，SA 不是共享的义务。它仅仅是有关"如何共享"的规则。但是，如果改编者的版本是公开共享的，那么它必须在相同或兼容的许可下共享。是否分享给所有人或者哪些人，都由改编者自由决定。

因此，正如 CC 许可协议所言，公众的意思或者更准确地说"提供材料给公众"的意思是 SA 条款必不可少的，而且是实践中的关键。就拿上面提到的一个公司希望在公司集团内分享小册子为例。试想一下，小册子其实是另一本小册子的修改版，原始版是根据 CC BY-SA 许可出版的作品。该公司现在增加了包含商业秘密的信息，这也是为什么该公司想自己保留第二个版本的原因。如果将小册子从一个公司传递给另一个公司被认为是"提供材料给公众"，"我们必须根据 CC BY-SA 许可来授权秘密版"。在这种情况下，任何人（如员工或其他任何第三方）都可以共享并重新出版它。然而，如果使用被视为非公开的，将不会涉及 SA 义务且该公司可能会阻止任何人分享。

那么，"公众"的确切含义是什么？与 CCPL3 不同，CCPL4 许可不包含术语的解释。其只定义术语"共享"，这在另一方面意味着在公共领域内使用。这让我们不得不根据适用的著作权法来理解核心术语"公众"。然而，不同的司法管辖区对此术语和其他术语有不同的解释，这就不可能给出一个统一的答案。

在《欧洲著作权条例》和由此形成的欧洲著作权共同体中，术语"公众"用于多种情形。不过，《欧洲著作权条例》并没有给"公众"或其他术语提供普遍的、无所不包的定义。然而,欧洲法院(ECJ)的一些判例中提到了该术语,并已形成了以下基本解释规则。

①公众指"使作品以任何适当的方式为一般人获取,即不将作品限制于私人团体的特定个人"。

②将公众作为术语,意味着将作品提供给相当多的人。这就排除了那些不显著者的小群体。一个显著群体也可以陆续形成。欧洲法院认为:"在这方面,不仅知道有多少人有机会在同一时间获取相同的作品是很重要的,而且知道有多少人在陆续访问该作品也是很重要的。"

③使用者是否从使用中获得金钱利益是很重要的。

④是否故意将作品提供给公共群体是至关重要的。

⑤关于可在线获取的作品,"向公众提供"需要一个"新的公众"目标,即那些"在著作权持有人最初授权给公众时未考虑到的人"。这意味着网上一般公众可访问的、链接到作品的超链接(没有技术限制),不能被视为"向公众开放"。

虽然这些通用规则回答了有关"公众"一词在著作权法中的大量具体问题,但在那些欧洲法院没有决定的情况下,它们没有给予确切的答案。换句话说,欧盟著作权法在沟通或者提供作品给公众上缺乏一个统一概念。例如,很难确定将受保护资料上传到公司的内部网站供所有员工访问是否属于向公众传播，或CCPL4中的共享行为。将作品副本从一个关联公司转移到另一个公司，或从一个公共部门传递给另一个公共部门是否属于向公众传播就更加不确定了。

最终，这些问题都需要根据具体情况来决定。CCPL4许可对共享的解释尤其如此，因为"公众"这个词包含了许多根据著作权法区分的使用。例如，公开展示、公开表演、传播、发布或引进，以及提供材料给公众。

根据欧盟著作权法，"传播"（向公众）意味着物理副本（如CD或书籍）的传播。反过来，"向公众提供"是指在线使用。很可能在欧洲著作权法概念中，公众的概念将根据不同的使用情况而改变。

但是，可以放心地规定私人领域内的使用——在具有相互人际关系的群体中的使用——是非公开的。和朋友一起看电影、通过电子邮件发送文本的副本给亲密的同事，以及通过Dropbox文件夹来和一小群人共享照片，将不被视为公开共享。

任何以一般公众为目标群体的在线使用都需要在CC许可协议下共享，因为潜在使用者并未受到技术措施的限制。不管使用者是否出于商业目的，这都同样适用。

很显然，仍然有无数的情况模棱两可，很难确定为公共的还是私人的。在独立法人（两个独立的公司）之间共享，通常视为（公共）传播；而在一个公司内部的材料传播，可能不会被视为共享。

尽管如此，公开、传播（如实体副本的传送）和提供非实体拷贝来提供（通过网络或电子邮件）三个概念是否相同，仍然是有争议的，因为欧洲法院尚未澄清在何种情况下共享受保护作品的无形副本(如在企业或专业的环境中)被认为是公开或非公开的。

因此，有关是否应当遵循 CC 许可协议的许可义务，必须基于具体情况具体评估。

(3) 署名

对作者和其他指定方的署名义务对大部分许可授权者而言都是很重要的。其确保权利人因作品而得到认可，这对于获得知名度和进行宣传是至关重要的。因此，认可是对于开放内容发布者——不论是作者、公司还是公共机构——的主要奖励。

证明署名权重要性的一个事实是，所有 CC 许可协议都包含有 BY 功能。各自的义务请参见许可协议条款第 3a 节。

1) 恰当的认可

在有关认可要求方面，CC 许可协议相当灵活，只要求使用者按照"合理的方式"予以署名。即使许可授权者建议/规定了某种署名方法，这只约束许可受权者。这为那些适用于特定媒体格式和使用情况的署名方法留下了余地。CC 网站上提供了正确署名的几种解释和一些最佳实践准则。

在理解署名及其目标的一般概念后，恰当的署名就会相对简单。要理解只有当使用者对特定作品有贡献时才进行署名，这是重要的。例如，如果一个网站提供商决定集中一个中央页面中的所有图像的贡献者信息，他们将必须确保每个署名被分配给了正确的图像（如将信息超链接到特定的图像文件）。使用者的作品与其贡献越紧密，越有可能遵循署名的要求、署名的意图与目的。

2) 对作者和"其他任何指定的署名方"的署名义务（许可协议条款第 3.a.1.A.i 条）

对作者和著作权拥有者的署名义务是著作权法下的通用规则，该规则能确保作者得到宣传和金钱奖励。也有防止抄袭的作用，即确保原作者——而非使用者——是公认的作者。

3) 著作权声明义务（许可协议条款第 3.a.1.A.ii 条）

如果许可方提供了一种著作权声明，必须保留。

4) 引证许可和保证声明的义务（许可协议条款第 3.a.1.A.iii，iv 条）

提供许可的副本或链接的义务是很重要的，这样才能确保所有使用者都可以在第一时间从许可中受益。如果

使用者不知道许可,那么他们就无法遵守。因此,如果许可信息不附加到使用者已经可访问的特定副本,他们将得不到合理授权。链接到保证声明的义务是基于同样的想法的。合同规定的责任限制,只有在得到许可受权者的关注时才是合法有效的。由于许可(许可协议条款第5节)的保证声明是许可的一部分,只有在可提供文本时才能遵守这一义务。

5) 链接到在线源的义务(许可协议条款第 3.a.1.A.v 条)

在合理的范围内,许可受权者也有责任保留许可资料的统一资源标识符(URI)或超链接。这也(像所有其他的署名义务一样)适用于离线出版物的使用。例如,有人在平面杂志上使用来自 Flickr 的照片,打印完整的链接到原图片的 Flickr URI 就能遵循义务,从而使读者找到源图片。

6) 指示修改义务(证据义务,许可协议条款第 3.a.1.B 条)

指示修改义务有几个原因。首先,它的目的是保护原作者的声誉。如果每个人都能以任何方式修改作品,会出现原作者可能不希望同与之相关的修改版本产生联系的情况,如因为他们不喜欢修改版的格式或质量。证据义务则确保第三方的修改版归属于他们,而不是原作者。此外,这一规则保证了作品的版本在任何时候都具有可追溯性。

这对于多作者的合作项目——如维基百科——尤为重要，因为这类项目在相当程度上依赖版本历史来使文章的生产过程透明化。

7) CCPL4 中没有列出作品标题的义务

与以前的版本相比，CCPL4 的一个变化是，署名需求不再要求许可受权者列出作品的名称。据 CCPL4 的 FAQ，仍建议列出标题（如果许可授权者提供），但不再强制要求。

(4) 将许可应用到数据库和其他相关权利

在 CC 许可协议下出版的材料往往会通过知识产权的积累加以保护。CCPL4 许可适用于所有著作权及相关权利。在许可协议条款第 1b 节中，它们被定义为"著作权和与著作权密切相关的权利，其中包括（但不限于）表演、广播、录音和独特的数据库权限，不论权利是如何被标记或分类的"。

许可协议条款第 4 节明确提到数据库权利。数据库的特殊权利是欧洲独有的，世界上其他许多国家（如美国）并没有该权利。其在 1996 年由数据库指令引入欧盟，对所有成员国是强制性的。

许可协议条款第 4 节阐明，在第 2.a 节所授予的通用许可也涵盖这些具体的数据库权利。如果许可材料包含一个受保护的数据库，那么允许对该数据库进行整体或部分地抽取、复制、再利用和共享。不像CCPL3的某些移植版本，

CCPL4许可要求使用者在使用一个受保护的数据库时遵守许可义务。

是否授予这些权利由许可授权者决定。例如，有可能授权数据库的元素，但不授权数据库本身。数据库与其内容是不同的受保护对象，因此，它们可以独立授权（或不授权）。如果许可授权者希望将许可限制到这两个元素之一（数据库或者数据库本身的内容），他们必须明确哪些元素得到授权，哪些元素未得到授权。

由于数据库权利的授予与著作权的授予紧密相连，许可义务和限制同样适用于数据库权利。例如，如果一个数据库按照 NC 许可授权，复用、共享、复制等只允许用于非商业目的。如果其按照 ND 许可授权，那么不能把该数据库的主要部分变成另一个数据库的一部分。

同样，如果数据库是根据 SA 许可授权，任何包含原始数据库很大部分的数据库必须按照相同或兼容的许可进行授权。

（5）专利和商标权

根据许可协议条款第 2.b.2 条，专利和商标权不能按照 CC 许可协议授权。这对于那些拥有公司名称或标志的注册商标权的企业和机构许可授权者而言特别重要。

排斥商标许可是指与作品有关的商标只能用在作品遵守 CC（著作权）许可时共享。例如，在出版商的注册商标下发表的 CC 授权的数据可以复制，并与一般公众共享。不过，不允许任何许可授权者以任何共享该作品之外的其他方式使用该商标。他们既不能使用该商标宣传自己的作品，也不能声称商标所有人认可自己发布的修改版本。这将通过商标修改义务进一步保证。

（6）道德权利、隐私和人身权利

CC 许可协议移植国有化的主要原因是，不同的司法管辖区有不同的道德权利概念。道德权利应该保护作者与其作品之间的个人关系。其中，道德权利包括首次出版权、署名权、作品不受歪曲篡改权（"保护作品完整权"）。尤其是在欧洲大陆作者的权利制度，它们有只能在一定程度上才能协商的非常强大的道德权利。奉行"著作权方法"的国家——如英国或美国——不授予这种"神圣不可侵犯的"精神权利。在这些国家，精神权利受自由合同约束，即他们可以很容易外判、限制或免除这些权利。

上述司法管辖区之间的不同方法挑战着统一公共著作权许可的概念——有人认为这种统一的许可在全世界都有效且可执行。因此，在将 CC 许可协议移植到其他司法管辖区的过程中，精神权利通常是主要方面。从一个对道德权利进行强有力保障的国家（如德国的 CCPL3）移植的许可包含了特殊条款——这些条款规定精神权利不受许可授予的影响。CCPL3 非移植版本没有以任何方式涉及这方面。

这种缺乏监管就引发了一个疑问：在作者的权利制度下许可授权是否是充分有效的。

鉴于 CC 遗弃了 CCPL4 许可中关于移植的概念，需要一个新的概念来处理道德权利。CCPL4 介绍网站就解释了现在如何处理道德权利和邻接权，如隐私或其他个人权利："4.0 版本一致且明确地放弃许可授权者的权利（在必要的情况下），从而使使用者能按照许可的意图来重用内容。在同一个有限的范围内明确放弃了宣传、隐私和人格权。"

预期的效果是，道德、个人及其他权利（这些权利可能受许可影响，但在著作权的范围之外）在适用的著作权法范围内都尽可能放弃。然而，放弃的范围是有限的，只涉及使用授权作品所必需的内容。

这种方式将决定——个人和道德权利能在多大程度上放弃及在多大程度上继续有效——交给适用的法律。例如，在色情电影中使用 CC 授权的歌曲或在政治运动中使用 CC 授权的照片，不同的司法管辖区在这种使用是否合法上存在分歧。

然而，不应高估由此产生的法律不确定性。尽管道德权利在作者的权利制度中具有理论重要性，道德权利实际上比商业使用权的争议小得多，在诉讼中非常罕见。道德、个人和数据保护权利的放弃，或不要求权利的承诺，只保证作品的可用性。如果有人将自拍照在线提供并采用宽容的、允许修改的 CC 许可协议授权这些照片，他们应该知道人们可能会以他们讨厌的方式使用这些照片。但是，道德和其他个人权利（如完整权）应该只能算是作为反对极端使用的最后手段。

一个不能通过许可单独解决的、更显著的问题是个人权利。特别是根据公共许可发布的照片、视频和文章经常侵犯第三方的人身权利。例如，展示个人的照片或视频未经其许可就在网上公布。

包含个人数据的文章不应未经许可就发布在博客或网站上。这样的侵权材料的再发布者会受到法律追究，不管公共许可是什么。事实上，许可授权者可能只决定影响他们自己的权利。如果其他人的权利受到出版物的影响，许可授权者必须确保获得所有必要的权限。如果他们不这样做，被侵权人可以要求许可授权者和许可受权者承担责任。这意味着，如果一个人使用违反个人权利的 CC 授权图片，也要追究法律责任。使用者是否知道这是对个人权利的侵害是无关紧要的。

（7）免责声明和责任限制

所有 CCPL4 许可都包含担保和责任的全面声明。这意味着，作品按"原样"共享，许可授权者不对任何损害、损失或任何其他使用该作品可能会导致的有害事件负责。

根据欧洲侵权法和其他法规，不可能完全排除损害赔偿和过失。因此，许可协议条款第4.c节旨在确保在法定强制规定法律责任为最低标准的情况下，根据适用法律将责任减少到最低水平。

这样的可分割性条款是否能维持一个（最有可能）无效的责任条款，也许是值得商榷的。然而，即使在CCPL4的责任规则是无效的，CC材料的提供（和通用开放内容）所产生的损害赔偿责任将最有可能是最小的。虽然司法管辖区认定责任的实际标准会有所不同，但是，所有的赔偿责任制度会考虑一个事实，即开放内容是无偿共享。未考虑合同违约，责任一般是非常有限的。例如，根据德国法律，法律专家们的普遍意见是，公共许可的法定责任等同于礼物。因此，根据德国合同法，责任水平是最低的。

（8）禁止技术保护措施的开展

由于《欧洲著作权条例》的强制性规定，禁止所有欧盟成员国在任何情况下有效规避技术保护措施(Technological Protection Measures, TPM)。这意味着，禁止任何人绕开TPM复制受著作权保护的作品，即使是为了私人复制或引用。

许可协议条款明确指出，对CC授权的作品的TPM保护不应是有效的。其效果是，任何许可受权者根据许可条文都可以对作品副本进行任何必要的技术修改以便使用它，即使它要求规避有效的TPM。

(9) 许可期限和终止

CC 许可协议是永久性的,也就是说,在材料的著作权或任何其他相关权利到期之前,它们都适用。在权利到期之后,材料成为公共领域的一部分,并且不再需要许可。

此外,许可授权是不可撤销的。因此,许可授权者不能主动终止许可合同。然而,一旦违反任何许可条件,则许可自动终止。违规后进行的使用行为是侵犯著作权的,可以追究使用者的法律责任。例如,如果一个使用者未能明确作者署名权或没有提供许可文本声明,他将丧失其使用材料的权利。如前所述,如果没有许可,他们将对侵权负法律责任——就像任何其他未经允许就使用受保护作品的人一样。但是,第三方的许可并不受终止的影响。①

如果许可终止,CCPL4 提供了两种可能的途径来恢复它。根据许可协议条款,如果许可受权者被发现,或者许可方以其他方式告知授权者侵权,而在之后的 30 日内采取了补救措施,那么许可将自动重新生效。另外,许可授权者可以明确使许可重新生效。然而,根据 CCPL4 的 FAQ,在许可重新生效之前,使用者要对任何不符合规定的使用负责。

---

① 这里强调了使用开放内容的前提是使用者知道并且遵循许可协议。另外,前述许可协议的有效前提是许可授权者具有完整的权利进行许可。

3.5 其他的具体许可限制和义务

除了上述适用于所有 6 种 CC 许可协议的义务和限制之外，NC、ND 和 SA 许可元素（只有部分 CC 许可协议拥有这些部分）也有一些许可受权者应该知道的具体要求。

(1) NC—— 非商业性

6 种 CC 许可协议中有 3 种包含 NC 许可元素。NC 指许可授权者保留商业利用材料的权利。任何希望将作品用于商业目的的使用者需要得到权利人的额外允许（即额外授权）。

在 CC 许可协议中，NC 许可是广泛使用和非常受欢迎的——至少在某些地区。其流行的原因是多方面的。事实上，在特定情况下可以有很好的理由来选择 NC 许可。然而，在大多数情况下，NC 版本有着显著的、往往意想不到的缺陷。由于 NC 限制会影响自由传播，抑制多种用途（通常是无意的），它们一般不被视为"开放/免费的文化"许可。即使在教育和研究的情况下，NC 内容的使用也具有法律不确定性的特征。例如，NC 内容不能被集成到维基百科，因为维基百科使用的是 CC BY-SA 许可。出于此种和其他原因，在开放内容社区中，NC 许可是受到高度争议的。

恢复或对这些讨论和各种论点进行评论不是本书的任务。相反，本书的目的是解释 NC 的限制，并希望澄清关于它的一些误解。下面选取了一些论点来解释根据具体情况选择合适许可的相关策略。

1) 非商业性是什么意思?

在最近的 CCPL4 版本中,有人讨论是否及如何在许可文本中澄清术语"非商业性"。在结束时,CC 决定反对定义的任何变化。因此,在 CCPL3 和 CCPL4 中,这方面的规定是一致的。

NC 许可协议条款将非商业性定义为:"非商业性指的是主要不是用于或为了商业利益或货币补偿。为了公共许可的目的,只要是在交换过程中没有货币补偿,许可材料和其他受著作权保护材料的数字文件的共享或类似手段是非商业性的。"

很显然,这个定义留下了很多解释的余地。尤其是,"为了货币补偿"意味着 NC 条款应在非常广义上进行理解。然而,广泛到何种程度则难以估计,特别是因为不明确词语"主要"是否也适用于第二种情况,换言之,句子是否可理解为:"非商业性指并非主要……为了商业利益或货币补偿。"

该条款只提到一个特定的使用:点对点网络文件共享被认为是非商业性的。在其他情况下,必须单独检查使用是否"(不)主要用于或为了商业利益或货币补偿"。这就留下了很大的解释空间。

因此，对于使用是商业性还是非商业性的问题，不可能给出客观通用的答案。作为一个合同，许可必须从一个客观的角度同时考虑许可授权者和许可受权者的意见进行解释。此外，在特定的情况下，必须适当考虑适用的法律。

在 2008 年，CC 进行了一个调查，研究使用者和作者对商业／非商业二分法的理解。调查结果显示，作者和使用者总体上对商业和非商业条款在一般意义上有共识。但是，关于边缘个案和具体问题，研究结果并不十分确凿。总之，调查可以作为一个有趣的信息池，因为它反映了不同利益相关者的意见。例如，一个有趣的结果是，相对于权利人，使用者往往更限制性地理解 NC。然而，由于其有限的范围和非代表性特征，该研究不能作为法律解释。

就整体而言，不同的司法管辖区对商业性和非商业性有不同的理解。以下将尝试对于某些典型的使用情况给出一些具体的答案，但这只是笔者的个人意见。

此处给出的商业性和非商业性之间的区别是基于两个一般因素：使用者相关的方面和使用相关的方面。每个类别包含了许多分别较详细表述商业或非商业用途的因素。此外，这两个一般因素，加上进一步的指标，可以对若干典型使用情况进行总结。

表 3-1 所示商业性／非商业性使用案例，显示了最重

要的指标。它基于以下假设：

- 对一项活动是否以营利为目的，使用者的一般态度不是唯一的决定因素，但是其使用是否应被归类为商业或非商业的一个重要指标。
- 术语商业性具有广泛的含义。即使使用为使用者带来了微小的金钱利益，也必须将该使用视为商业性使用。人们普遍认为，使用者（特别是公司）以利润为导向的活动一般会为使用者带来商业利益，即使是最微小的利益。
- 产生直接利润的使用都被视为商业性使用。
- 特定使用是否（也）服务于公共利益或只服务于使用者自身利益，对商业性与非商业性的分类很重要。
- 在个人用途方面，工作相关的使用和私人使用之间存在区别。如果使用是与工作相关的，分类取决于雇主/客户的意图是否"主要为了商业利益"。换句话说，即使使用者没有为了自己的商业利益，仅仅是为支持第三方的利益，那么该使用也可能是商业性质的。如果只是私人目的的使用且只发生在私人领域，那么该使用是非商业性的。
- 除了这些差异之外，使用者是谁并不重要。个人也可以像法人实体或机构一样追求商业利益。
- 那些属于著作权限制和例外的使用不属于许可的范围。如果这样的法规允许一定的商业性使用，NC 限制将不会有效。

表 3-1 中的名词解释如下：

- "自由职业者"是一个自己运行企业，并为自己商业利益使用材料的个人。应在广义上理解术语"自由职业者"，它应包括靠自己的创意作品谋生的特别艺术家。
- "私人"是仅用于私人目的使用材料的个人。用来履行工作相关职责的个人使用被认为是雇主的使用。如果一个私人为了个人目的而进行商业活动，如出售获得 CC 授权材料的硬拷贝，则将他们视为一个自由职业者。

下面的评估只是笔者的个人意见（表 3-1）。一些使用 NC 许可的项目提供了自己的解释，他们的解释可能与笔者的观点不完全一致。在这种情况下，建议遵循每个特定项目的指南。

表 3-1 谁可以在什么情况下使用 NC 内容

使用者类型	公司	公共机构	非营利性组织	自由职业者	私人个人
卖硬拷贝	否	否	否	否	否
反对支付的许可内容	否	否	否	否	否
用于广告营销	否	否	否	否	否
用来赚钱	否	否	否	否	否
用于工作	不适用	不适用	不适用	不适用	不适用
在网站上显示的广告，以收回管理费用的使用	否	是	是	否	是

续表

使用者类型	公司	公共机构	非营利性组织	自由职业者	私人个人
平台的使用者（不是内容提供者），在平台上展示宣传内容	否	是	是	否	是
用于内部教育和信息	否	是	是	否	不适用
用于私人娱乐和朋友/家人的娱乐	不适用	不适用	不适用	不适用	是
用于通知/招待顾客/客户/观众	否	是	是	否	是
为了教育目的在免学费的课程中使用	否	是	是	否	是
为了教育目的在收学费的课程中使用	否	否	否	否	否
用于企业资助的研究	否	否	否	否	不适用
用于税收资助的研究	否	是	是	否	不适用
用于企业内部调研	否	不适用	不适用	否	不适用

注："是"表示使用 NC 的内容是允许的；"否"表示使用 NC 的内容是不允许的；"不适用"表示根据表中的逻辑，存在这一情况，但事实上这一情况并不存在。

2）NC 许可的优点和缺点

如前所述，NC 许可有几个缺点。因此，采取这样的限制性许可的决定应该经过深思熟虑。笔者的印象是，大多数决定使用 NC 许可的作者之所以这样做，是因为他们不希望别人和其他组织靠他们的创造性作品赚钱，而没有分享潜在利润的义务。从心理学的角度而言,这种动机可能是可以理解的。然而,在许多情况下,它会(没有什么正当理由地)导致一个双输的局面。许可授权者失去了许多在事实上对他们自己有利的潜在使用者和使用——作品广泛传播并得到普遍关注。很多使用者无法或者至少是不敢(因为法律的不确定性)利用作品,甚至在许可方并不反对利用的目的时也不敢使用作品。NC许可元素也可能影响教育和学术目的的使用,NC的内容是否可以在收取学费的课程中使用的问题是非常有争议性的。

在公私合作伙伴关系甚至公共资助的研究中,出于科学目的的使用同样如此。即使是完全的"私人"网站出版商试图通过广告来收回他们的一些托管费用而进行的使用,也是有争议的。权利人会阻止这些使用吗?在使用得不到许可授权时,使用者是否可能寻求个人许可?他们会进行深入的法律审查,以确定其使用是否合法吗?

对NC许可的优缺点的客观评价会得出这样的结论:大多数情况下,对作者和使用者而言,其缺点超过其优点。从客观的角度来看,只有在商业使用者有为使用材料付费的前景时,选择NC许可才是合适的。在许多情况下,这种(尤其是在线内容)可能性极低,尤其在没有精心策划的营销策略时。此外,如果许可授权者不愿意或不能采取法律行动来强制执行违反NC许可限制的行为,几乎没有理由来首选它。

在选择一个许可时，最重要的是要注意为什么要选择某个特定的开放内容许可。在大多数情况下，仔细考虑就会发现：非金钱动机占主导因素。有无私的原因，如希望为文化公地做贡献或向人们介绍重要课题。然而，大多数的考虑是相当利己主义的。广泛传播将吸引大家对作者作品的关注。关注可能会产生雇用、人气甚至成名。例如，如果作者自己不能或不愿建立和维护一个专业的商业传播策略，为什么不让他人开发渠道并接触到潜在受众呢？

对于已经知名和成功的企业许可授权者和作者，NC许可是一个很好的选择，因为其被用作支持一个精心制作的营销策略的工具。例如，音乐家将自己的作品在网站或平台上发行，使用NC许可会吸引受众关注其作品。如果他们能带来显著的商业利益，没有出版商会未经谈判就利用其作品。但是，很可能是在投资于作品的发行和营销之前，出版商就与作者和音乐人进行了接触，即不论其作品是否采用NC许可发布。和出版业务类似（尤其是小说出版），一个成功的音乐发行需要作者和商业开发者之间的紧密联系。如果音乐分销商想要建立一个成功的乐队，他们必须安排音乐会、采访、媒体报道、销售等。如果没有艺术家和出版商之间的合作，这将是不可能的。换言之，未经个人同意使用音乐，在大多数情况下，最终会导致商业开发者与个人进行谈判协商。

这就是说，NC许可一般只对专业出版商有利，因为专业出版商有能力创建和部署复杂的营销策略，且它们愿意并能够对违反许可的人提起法律诉讼。NC许可使价格差异和所谓的双重授权的商业模式成为可能。与软件界的共享软件和免费软件的概念类似，也有可能（在CC NC下）自由免费共享删节版的书籍、电影或其他的"精简版"，以吸引大家对作品的注意力。而"完整版本"则仍可进行商业销售。这种策略是否可行，应全面评估、权衡利弊。

综合来看，只有在很少数的情况下使用NC许可才是最好的选择。但是，可能有一个更好的选择也能达到预期的效果（防止商业使用者未经个人许可就使用），同时避免NC许可的许多负面影响：一些评论家认为，CC SA是"更好的NC"。总之，SA许可授权并不限于非商业使用，因此，并不能妨碍自由（商业）使用。但是，诸如出版商或音乐公司之类的商业使用者，未经额外许可将会不愿意使用SA内容，因为他们只能在同一许可（CC BY-SA）下才能这样做。为实现商业性（即传统的）发行，他们将需要额外的权利或例外，即仍然需要与作者谈判。此外，如果一个商业分销商在自己的作品中加入SA材料，如其电影中含有CC授权音乐的片段或假唱，根据SA也有义务适用于他们自己的作品。换言之，由于著作权效应——有时也被称为"延续效应",该电影必须根据 CC 许可协议发行。这使得 CC SA 材料未经进一步协商更不可能被纳入商业作品。

(2) ND——禁止演绎

两种 CC 许可协议包含了禁止演绎的限制:CC BY-ND 和 CC BY-NC-ND。和其他许可限制一样,ND 许可元素并不意味着该材料不能被调整或修改。这意味着修改作品的权利被保留,也就是说,任何想出版材料的改编版,必须获得另外的许可。限制的意图和目的是保护作品的完整性。

1) 术语"改编"

许可协议条款第 1a 节将改编材料定义为:"改编材料是指受著作权和类似权利保护的材料是源自或基于许可资料的,原许可材料的许可授权者享有著作权及类似权利,按照许可授权者授权的方式翻译、修改或修改成新的作品。为了公共许可的目的——其中许可材料含音乐作品、表演或录音,在许可资料与运动图像及时同步时,产生改编材料。"

ND 许可的许可协议条款指出,改编材料可以生产但不共享。因此,ND 限制仅适用于当改编材料被共享时,其生产和私人使用仍然是被允许的。CCPL4 中的条款与 CCPL3 的相应规则是相同的。正因为如此,不同许可版本之间没有区别。

2）究竟什么是改编？

在许可协议条款中有一些使用的例子，这些例子说明了哪些是修改和使用，哪些被本定义明确排除。根据该许可协议条款，当材料被"翻译、修改、整理、改造，或根据著作权及类似权利需要许可的方式修改"时，就发生了改编。然而，根据许可协议条款，仅仅进行技术修正不被视为改编。后者意味着格式改编不被认为是改编，非数字作品的数字化亦然。在这些情况下，作品本身保持不变。例如，印刷版小说的数字化，不改变小说（作品），只是体现它的介质发生了变化。因此，根据著作权法，它不被视为作品的调整或修改，而仅仅是作品的复制。

确定哪些使用是改编，则要困难得多。许可给出了一些著作权法在通常被认为是修改／改编行为的例子：将一个作品改造并翻译成另一种类型的作品——如根据一本小说拍电影——被认为是改编。此外，在其他作品中使用同步音乐的行为——如用音乐作为视频的背景——无可争议地被认为是改编。

除了这些明确提到的改编，并没有进一步的解释。许可将使用者引导到适用的法律。这使得何为改编不可能得到一个统一答案。许可受权者在何种程度可以重新发布改编材料，不同司法管辖区之间存在差异。在欧盟内部，不同的司法管辖区更是如此，因为欧洲的著作权共同体尚未统一修改权,即在欧盟范围对改编没有形成统一的概念。ND 内容的使用者对某些种类的使用是否需要额外的许可取决于很多方面。然而问题是,适用的法律是否将具体的使用当成对作品改编/修改版本的使用?

3)作品本身的改编

根据著作权法,作品本身的改编——如内容的删节、扩展或重新安排——通常被认为是改编。不论改编者是否拥有修改后版本的著作权,这都适用,因为修改版本身是受著作权保护的。

4)通过改变背景并与其他内容结合的作品改编——混合、混搭、作品集

当作品的完整副本被用在新的语境中时,更复杂的问题出现了。例如,ND 照片能在一本书中使用吗?一个人可以在网站上发布 100 张不同来源的照片合集,其中包括 ND 图像吗?可以在有许多作者的文集中包含 ND 文字吗?能在艺术视频集中展示 ND 视频吗?可以在多媒体装置中结合几个媒体——包括 ND 录音——并销售吗?

所有这些问题只能由适用的法律来回答。因此,意大利使用者的法律状况会与德国使用者的法律状况不同。由于法律术语改编需要被解释,了解适用的(国家)判例法来讨论评估问题是非常重要的。

作品集和作品组合之间的区别,将最有可能是每一个

司法管辖区进行评估的一个重要因素。在一个作品集中，如选集或目录中，一些作品被简单地放在一起进行出版。不同的内容单独作为独立的、可区分的作品，因此，它们的身份和每个作者的身份是没有问题的。因此，在作品集中加入作品通常不会被视为改编作品。

此外，组合作品在许多情况下，会有个人作品"缠绕在一起"，使它们失去其个人表达的效果。根据该技术，作品组合往往要显示自己的审美表达——这与个人作品的审美表达不同。如果是这样的话，结果将通常被认为是"改编材料"且ND许可将不允许其发布——除非得到适用著作权法的允许。

确定作品集和作品组合的一个区别是个人作品在给定的语境中是否继续独立。如果作品本身被修改，如文本被缩减或歌曲被混合，ND限制将适用于任何情况下，因为混搭和再混合通常会涉及这样的修改。但是，如果是对作品的逐字拷贝，并与其他作品进行分组，在许多情况下其结果是一个作品集，而不是作品组合，即不存在改编行为。

如果与作品的完整副本相结合，创造出符合自己审美表达的新的作品，新的作品也必须被认为是"改编材料"。说到这里，组合材料不会被"分组"，而是"合并"材料，从而导致在一个新的、更大的包含自己和重复使用材料的作品的出现。例如，在电影中使用一个受著作权保护的图像，在视频中使用受著作权保护的卡通人物，或如上所述在运动图像上使用音乐曲目。

鉴于上述情况，采取以下原则作为一般经验规则似乎是合适的：每次现有材料被合并到一个有其自己性质的较大作品时，作品是根据著作权的条款及 CC ND 限制改编的。个人作品越是保持"原样"和"独立"——他们只是分组，就越不可能将他们的组合/集合视为改编材料。

按照这种区别，有可能相对清晰地区分 ND 不允许的改编和单纯的复制。表 3-2 解释了一些典型的案例。对其说明如下：

- 该答案最重要的是在给定的情况下，重用作品是否继续保持独立并且可区分，即作品是被修改还是只是用的完整副本。

- 如果重复使用的作品本身被改编，如文本缩短或歌曲混合时，ND 限制将适用于任何情况。因此，答案是"否"（在 ND 下不可用）。与此相反，在所有情况下标记为"是"，则推定该重用材料本身被按"原样"使用。

- 如果重复使用的作品是与其他材料合并到一个新的、更大的作品，则答案是"否"。这是所有材料混合起来创造新的、更大的作品，其审美表达了代替了重用作品的独立表达。

- 如果 ND 材料的完整副本只是与其他材料（如网站

上的文本表达的照片）进行组合而不被合并成一个新的作品，回答通常是"是"。

● 如果该材料没有公开，这样改编的作品不受 ND 条款的限制。

上述分类只表达了笔者对改编和复制之间区别的理解。一些使用 ND 许可的项目可能会提供自己的解释。在这种情况下，建议遵循每个特定项目的指南。

表 3-2 在 ND 许可下允许何种使用

使用案例	是否允许
混搭视频	否
报纸或杂志上有图片或文字	是
音乐混合	否
随机播放曲目	否
网站、博客或社交媒体发布的图片或文字	是
翻译	否
音乐同步	否
荧幕改编（如小说、音乐）	否
目录中的图片	是
文集中的文章	是
图像拼贴	看情况（通常否）
模仿	取决于司法管辖区
有背景音乐的"场景视频"	否
整合声音素材的纪录片	否

5) ND 许可的优点和缺点

ND 许可是否是最好的许可选择，很大程度上取决于具体情况。不愿允许其他人"篡改"一个人的作品是一种可以理解而主观的原因。相反，根据更客观的方面，或至少平衡客观和主观方面可能更加可取。从客观角度来看，人们可能不得不承认，如果许可不允许修改，则不能达到成为文化公地的积极作用。事实上，ND 许可与 NC 和其他限制的许可一样有若干缺点。首先，如上文中提到的那样，如果无法强制执行任何潜在的违反限制的行为，选择 ND 许可是毫无意义的。其次，应考虑与许可限制伴随而来的法律不确定性的不利影响。想利用内容的使用者可能会被模糊的 ND 限制所打击。最后，开放内容的许多普遍的有益效果不能用 ND 许可来实现，因为如需将内容与其他材料合并，需要一个单独的协定（许可证协议）。否则它不能被改善、更新或翻译；音乐不能被重新混合或采样；视频序列不能混合。无论防止创造性的使用或可能改善他们作品的使用是否符合他们的利益，都由许可授权者来决定。出于某些类型的作品和一些出版目的，ND 许可比其他许可更合适；这同样适用于不同类型的出版物。

以提供信息为目的的材料，可以从改编中大大受益。修改可以改善或更新其中所含的信息甚至消除错误的信息。诸如维基百科之类的项目，不能在 ND 许可制度下运作。教育资源需要修改并转换，以使它们在世界上的其他地方或不同的目标群体中实现价值。因此，开放式教育资源（Open Educational Resources，OER）不应该根据 ND 许可出版。这些因素也将适用于许多其他的信息和／或教育作品。

仅有审美目的的作品（如音乐或电影），不能在恰当的意义上"改善"。它们是好还是不好由旁观者决定。但是，如果有人想提倡或为文化公地做出贡献，ND 许可是一个合适的选择。CC 本身拒绝授予 ND 许可"支持自由文化"的状态。ND 作品不能被重新混合和改变。一旦 ND 许可作品与其他作品以任何方式相结合，使用就会具有法律不确定性的特点。

在某些情况下，保护 ND 许可作品的完整性是合理甚至必要的，虽然很多人并未有如此期待。这对于需要管理的"认证信息"而言的确如此，除了认证机构，任何人不能进行修改。这包括技术标准、法律规范等。

ND 许可也可以用于支持某些商业模式。例如，有人可能使用 ND 许可发布需要根据特殊情况进行定制的文字信息的通用版本。通过使用 ND 许可，出版商保留某种排他性的定制，然而根据自动允许改编出版物许可，可以鼓励（并允许）其他人免费传播这样的定制版本。

这些例子表明，使用 ND 许可的客观因素很少。当然，任何人都可以在没有单独许可的情况下自由决定自己的作品应不应该被修改。但是，这样的决定应该权衡这些许可的上述缺点。

(3) SA——相同方式共享

有两种 CC 许可协议包含了相同方式共享元素。SA 是指改编材料只能遵循原来的或兼容的授权协议发布。在 CCPL4 中，SA 条款（第 3b 节）规定："除了第 3（a）节的条件，如果您共享自己生产的改编材料，下列条件也适用：

1. 您所使用的改编者许可必须是一个包含相同许可元素的知识共享许可——这个版本或更高版本，或与 BY-SA 兼容的知识共享许可。

2. 在您所使用的改编者许可中，必须包含该许可的文字、URI 或超链接。您可以根据任何您共享改编材料的合理的方式和语境来满足这一条件。

3. 您不得给改编材料提供或强加任何额外或不同的条款或使用任何有效的技术措施——因为额外措施会限制您使用的改编者许可所授予的权利。"

总之，这意味着该改编者（发布材料修改后版本的人）注定要使用由第一位许可授权者所选择的许可条件。不允许改编者进一步限制使用者的自由——可能因为更严格的许可条件、技术限制或其他任何结果。这种"传染性自由"的理念很容易解释:作品的所有表现形式和状态应该共享同样的自由。

在这个推理中,规则确实有道理:不含 SA 的许可会让其他人"垄断"内容。例如,唱片公司可以将遵循 CC BY 许可发行的音乐进行混合并推向市场,结果是"不自由"(商业上或反对使用费)。SA 条款防止这种"垄断",因为它们对修改版具有延续性作用。

1) SA 许可适用于什么时候?

SA 许可适用于改编材料的出版物。因此,该规则只适用于改编材料和共享。SA 许可不会强制任何人共享改编的材料。相反,改编作品并自己保留是完全合法的。

2) SA 是什么意思呢?改编材料的出版该适用何种许可证呢?

授权改编 SA 材料有 3 个选项,即改编者许可有 3 个选项:

- 改编材料遵循与原始材料相同的 CC SA 许可共享(如 CC BY-SA4.0 国际版)或该许可的任何更高版本(如 CC BY-SA5.0 国际版)。

- 改编材料得到含有原许可相同元素的 CC 许可协议授权。这尤其适用于移植版本。一张最初在 CC BY-SA3.0 移植版许可下授权的图片,其改编版可以在 CC BY-SA3.0

德国许可下共享。此外，也可以使用此类移植版本的更高版本。但是，在CCPL4下，第二种选择可能会过时，因为至今为止尚未计划可移植版本。

- 改编材料得到CC BY-SA的兼容许可的授权。目前，这种选择已经过时。兼容许可指的是已获得CC批准的许可。该条款已经包含在CCPL3许可中。不过，至今为止并未批准一例许可。

根据许可协议条款，改编者可能不会对下游使用者施加额外的规则或进一步的限制。换句话说，如果一个改编者为其版本使用原始许可（如CC BY-SA4.0），但限制他们的一般条款和条件或CC许可协议的补遗权限，会违反SA条款。

3）将SA材料与使用不同许可的开放内容混合——许可的兼容性问题

如上文所述，SA需要改编者在相同的许可下重新授权其改编材料。让我们想象一下一个改编者混合了BY-SA、BY-NC和BY-NC-SA视频片段来创建一个集锦：由于集锦的成分是无法区分的，新的作品必须遵循一个单独的许可（如BY-SA）。在这种情况下，BY-SA许可和BY-NC-SA许可都规定："只能在我的许可条款下共享集锦（改编作品）。"显然，这是不可能的。改编者只可以根据BY-SA或BY-NC-SA中的一种来共享集锦，因为这两个许可包含不同的、矛盾的条件。BY-NC-SA 许可禁止商业用途，而 BY-SA 许可则允许。因此，这两个许可是不兼容的。

上述情况的结果就是"许可的不兼容问题"。许可不兼容是使用者只能遵循两个许可中的一个而与另一个冲突的情况。换句话说，改编者必定违反了其中的一个许可。

许可不兼容性是文化自由的一个大问题。其中心思想是创建可以混合、混搭和容易自由组合的可重用内容集。许可不兼容性不仅增加了再混合的法律不确定性，也禁止了许多潜在的使用。大部分 CC 许可协议都互不兼容说明了这一问题的事实，这导致了我们不希望看到的效果——遵循不同许可的内容不能组合。

表 3-3 显示了在混合、集锦或其他更大的作品中禁止混合不同 CC 授权作品的 64 种方式中的 32 种。

表 3-3 表明，许可越严格，内容越不可能在较大作品中与其他作品混合。这很容易理解，如 NC 材料不可以和一个允许用于商业用途的内容混合。这样做会使得 NC 作品商业可用，因为它会形成混合作品的一部分。此外，SA 的材料，只能根据相同许可重新授权。因此，SA 作品只能与允许遵循任何其他许可重新授权的许可内容相结合。例如，CC BY-SA 和 CC BY 内容的结合可以遵循 CC BY-SA 许可，因为 BY 许可允许这样做。

表 3-3 CC 内容的可能组合

	PUBLIC DOMAIN	PUBLIC DOMAIN	BY	BY-SA	BY-NC	BY-ND	BY-NC-SA	BY-NC-ND
PUBLIC DOMAIN	✓	✓	✓	✓	✓	✗	✓	✗
PUBLIC DOMAIN	✓	✓	✓	✓	✓	✗	✓	✗
BY	✓	✓	✓	✓	✓	✗	✓	✗
BY-SA	✓	✓	✓	✓	✗	✗	✓	✗
BY-NC	✓	✓	✓	✗	✓	✗	✓	✗
BY-ND	✗	✗	✗	✗	✗	✗	✗	✗
BY-NC-SA	✓	✓	✓	✗	✓	✗	✓	✗
BY-NC-ND	✗	✗	✗	✗	✗	✗	✗	✗

4）一般许可兼容问题，特别是 SA 许可的述评

尽管在解决兼容性问题上以各种方式投入了越来越多的努力，但不可否认的是已经取得的成绩收效甚微。但是，解决兼容性问题可能会被认为是整个系统成功的重要条件。"知识共享"的应有之义和核心目标，是包含的内容可以进行（重新）创造性地使用。不兼容的许可阻碍了这一核心目标。此外，也违背了合法使用优秀的技术制作混合 / 混搭作品的愿望。

由于 SA 许可（像所有的限制性许可一样）会放大不兼容问题，应充分考虑其使用。在一般情况下，相同方式共享的原则具有说服力；开放内容应该在所有形式和迭代

中继续开放。然而，过于宽松的许可会把作品拉出文化公地，挪用开放内容。此外，宽松许可又更容易处理，甚至有人会认为这是在激励内容使用。许可授权者必须平衡不同的动机：究竟是保证材料的开放性更重要（那么 CC BY-SA 是适当的许可），还是鼓励尽可能地使用更重要（那么 CC BY 是合适的许可）？

>>>>>> **第 4 章**
使用知识共享许可实用指南

4.1 选择"正确的"许可

　　许可的选择是开放内容策略的一个重要步骤。在材料授权之前，应彻底平衡各许可的优缺点。选择所考虑的普遍因素应该是个人所追求的授权意愿。每个人都应该问自己：为什么我的作品要遵循 CC 许可协议的框架？我要保留哪些权利，为什么？

　　决定背后的潜在动机是多方面的。然而，在许多情况下可以听到 "我不希望任何人用我的作品赚钱，所以我用 NC 许可""出版商不能采用我们的出版物来赚取利润""我不会让任何人改编我的作品，所以我用了 ND 许可"等观点。尽管从心理学的角度可以理解这些观点，但这些观点不是选择限制性许可的理由。

　　在关于 NC、ND 和 SA 条款的章节中，需要注意，许可限制总是伴随着法律不确定性的风险。它们会导致复杂的法律问题,并防止那些实际上对许可方有利的使用,甚至限制许可实际上允许的使用(如感兴趣的使用者因法律的不确定性而不敢使用)。

这并不意味着人们应该决定在所有情况下使用最宽松的许可——CC BY。如前所述,可以有充分理由来选择更严格的许可类型。然而,由于这些许可通常也有缺点,建议仔细权衡优点和缺点。这对企业或事业单位的开放内容发布策略至关重要。

4.2 产生许可

给一个作品附加 CC 许可协议很简单。第一步包括访问 CC 网站,该网站有一个"许可选择器"。为了选择一个 CCPL4 许可,需要回答两个问题以确定许可元素(ND、SA、NC)。在此之后,许可选择器将显示相应的许可,以及链接到许可文本的链接和许可功能的简短说明(CC"契约")。此外,自动生成可以集成网站的 HTML 代码段。

在 CC 网站选择一个许可:很容易根据自己的需要来选择一个开放许可(图 4-1)。

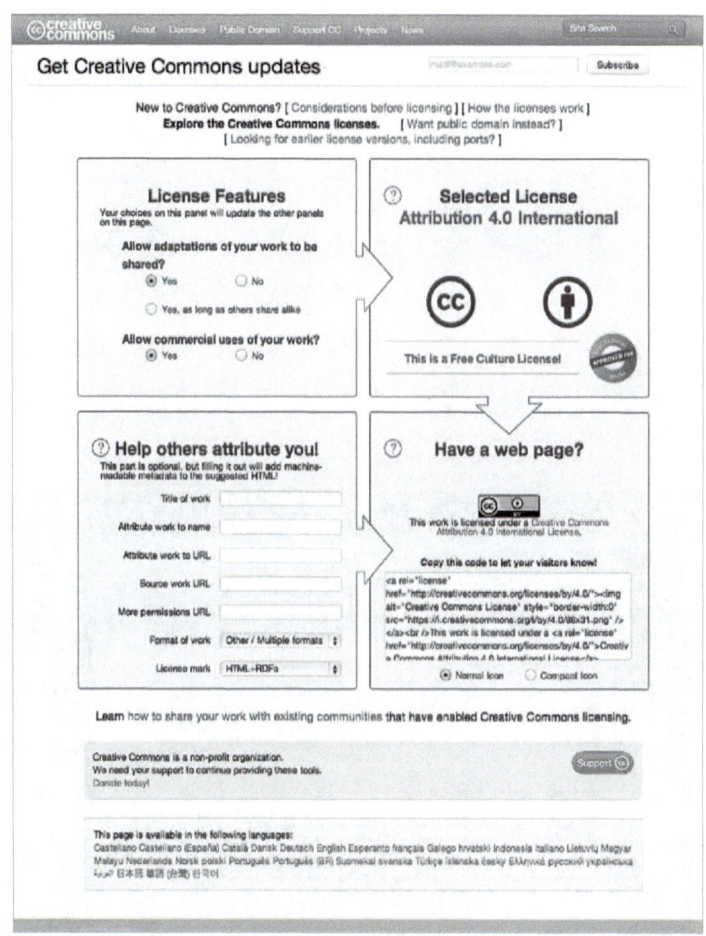

图 4-1　许可选择器

CC 许可协议包括三层（图 4-2）。底层是"许可协议条款"（图 4-3），即全文的许可合同，用"法律术语"写成。从法律的角度来看，这一层是主要元素，虽然大部分非律

图 4-2 CC 网站可视化图形

师人士绝不会详细读它。中间层是"CC 契约",也被称为"人类可读的版本"。该契约是许可的最重要条款和条件的简短摘要。契约本身不是法律意义上的许可。它仅仅是一个方便的工具,使许可的规则很容易理解(图 4-4)。正如 CC 所说的那样:

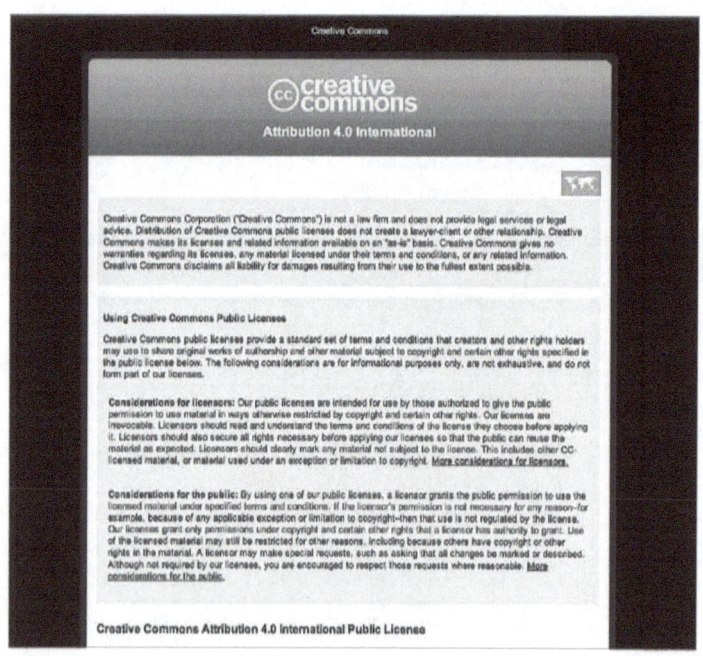

图 4-3 许可协议条款

"将公用契约作为下面许可协议条款的一个友好的使用者界面——虽然契约本身不是一个许可,其内容也不是法律条文本身的一部分。"最高层是"许可的机读版本"。它是令搜索引擎来查找开放内容网站的代码片段。在代码中,关键的自由和义务归纳为机器可读的语言,采用 CC 权利表达语句 (CC Rights Expression Language,CC REL) 进行表述。

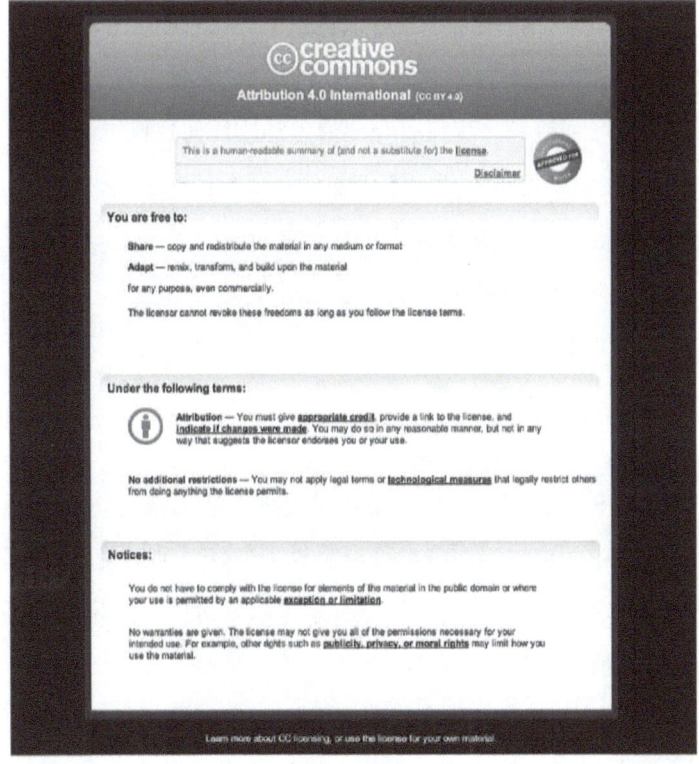

图 4-4　契约

4.3 将知识共享许可附加到不同的作品

如何以最佳方式切实将 CC 许可协议附加到一个特定的作品，取决于材料所发布的媒介。原因很简单：许可附加的方式应允许任何潜在使用者认识到作品甚至是整个刊物（如网站或一本书）都是在一个特定 CC 许可协议下授权的。许可标识对授予使用权是至关重要的：如果使用者不知道，一个特定的作品可以在一个 CC 许可协议下使用，并且更重要的是，不知道该许可协议的条款，将不会授予使用者任何权利，也没有与使用者达成任何授权协议。

CC 不为许可方指定应该如何在某些情况下实现许可。请注意，这个问题与第三方内容应如何归属是不一样的。授权通知应放在哪里，依赖于应用案例。凭经验，一般是许可标识越明显越好。与授权作品越紧密，使用者越有可能发现。

使用许可标识的最佳方式——如在网站上使用的照片——是把它列入标题。最不可行的解决办法是将许可标识放在中间位置，如将许可声明放在"关于"或"使用条款"页。大多数使用者不会发现这样的隐藏信息，因此，许可将不会有效。

下面笔者就典型应用案例给出一些建议。有关在不同环境下为作品标记 CC 许可协议的更多信息，可参考 CC

Wiki。

(1) 为在线内容附加许可

网站的供应商以不同的方式使用开放内容。在某些情况下,一个网站上的所有内容都根据同一许可授权。在这种情况下,可能会建议实行一个通用许可标识。例如,在每个网页的页脚中标明。这个通用通知的措辞是无关紧要的。CC 本身使用以下声明:"除非另有说明,本网站的内容是根据知识共享署名 4.0 许可授权的。"

超链接将使用者引导到 CCPL4 BY 许可的 CC 契约。在契约中,任何人都可以找到另一个链接到完整许可文本的超链接。此外,建议提供特定的许可标志的旗帜,以吸引使用者对许可声明的注意。例如,在 CC 网页的全部通知如图 4-5 所示。

图 4-5　CC 网页许可标识

应当指出的是,可能有必要对某些特定的材料使用不同的标识。如果有人将照片发表在自己的 CC 授权网站上,而该网站是由第三方根据不同的 CC 许可协议授权的,这种差异就必须加以强调。在这种情况下,其他许可标识应尽可能紧密地附着在材料上，从而防止一般许可标识也适用于特定照片的假设。事实上，在照片的标题中包含许可标识和属性标识是恰当的。

在网站供应商仅仅偶尔发布开放内容的情况下，这也将是一种恰当的方法（而不将网站上的所有内容都用同一种许可授权）。

(2) 数字文档或书籍中的许可标识

如果一本书或者一个 PDF 文件偶尔包含开放内容作品的副本（如一张照片、一段文字或一个图形），上述做法也是恰当的。理想的情况是，许可标识直接附加到各自的副本，如将许可标识列在脚注或标题中。此外，该许可可通过使用可扩展元数据平台（Extensible Metadata Platform, XMP）嵌入到 PDF 文件中。

另外，有可能将通知集中在一个附件中，该通知应该尽可能是描述性的。但是，如果有人选择了这样的解决方案，必须在集中参考注册和特定作品之间具有明显的相互链接。此外，许可声明应至少包括一个参考许可的文本，如链接到 CC 网站的超链接。也可以在文档或书籍中包含完整的许可文本。如果整个出版物在相同的许可下授权，中心许可声明将是最好的解决方案。例如，在一本书上，许可标识可以打印在著作权标记或其他显眼的位置。请注意，通知越隐蔽，潜在使用者越不可能发现该通知，这违背了许可授权者的利益。

在视频、音乐、广播或电视节目中的许可标识，给出充分的非文本许可声明可能会非常棘手。在电台广播中应该在哪里添加许可和归属标识？在视频中应该将这种许可和标识放在哪里？如果这样的媒体也在网上发布其作品，简单的解决办法是将标识添加到他们的在线资源中。如果不是，则标识将必须实施到作品本身。由于视频和广播的性质不同，就如何实现这一点并未给出通用答案。然而，由于原作者不必遵守许可义务，有多种可能的解决方案。同样，这些解决方案越是突出和具有描述性，使用者越有可能察觉它们。

4.4 在线查找开放内容

搜索引擎是发现网络上开放内容必不可少的工具。谷歌提供了一个具体的开放内容搜索功能，可以在"高级搜索"选项中找到（图 4-6）。

高级搜索选项允许使用者根据使用权限过滤搜索结果。可以选择几个选项来限制搜索结果，这些选项包括"可自由使用和共享的内容""出于商业目的也可自由使用和共享的内容"等。谷歌图片搜索模块也具有相同的功能。

通常情况下，使用者搜索特定类型的内容。在这种情况下，使用内容平台可能比使用一般的搜索引擎更方便。有几个专门允许搜索开放内容的平台，可以搜索图像、视频，甚至是音乐。

图 4-6　谷歌的高级搜索

（1）搜索开放内容图像

Flickr 是世界上最大的照片社区。数以百万计的图像上传到该平台，其中有许多是在 CC 许可协议下授权的。为了找到它们，高级搜索应提供相应的设置（图 4-7）。

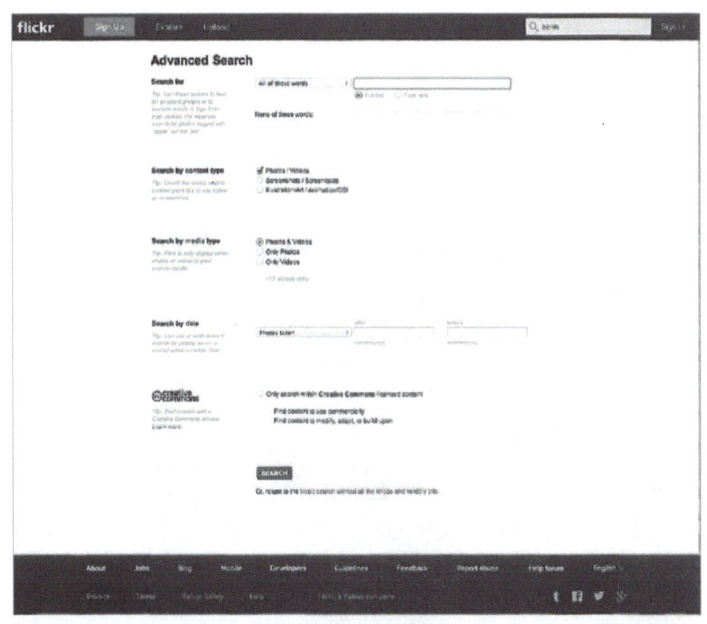

图 4-7　Flickr 的高级搜索

另一家大型图像存档库是维基共享资源数据库（Wikimedia Commons Database）。该数据库所载的大多数照片都是根据公共许可发布的，有些甚至直接属于公共领域（图 4-8）。

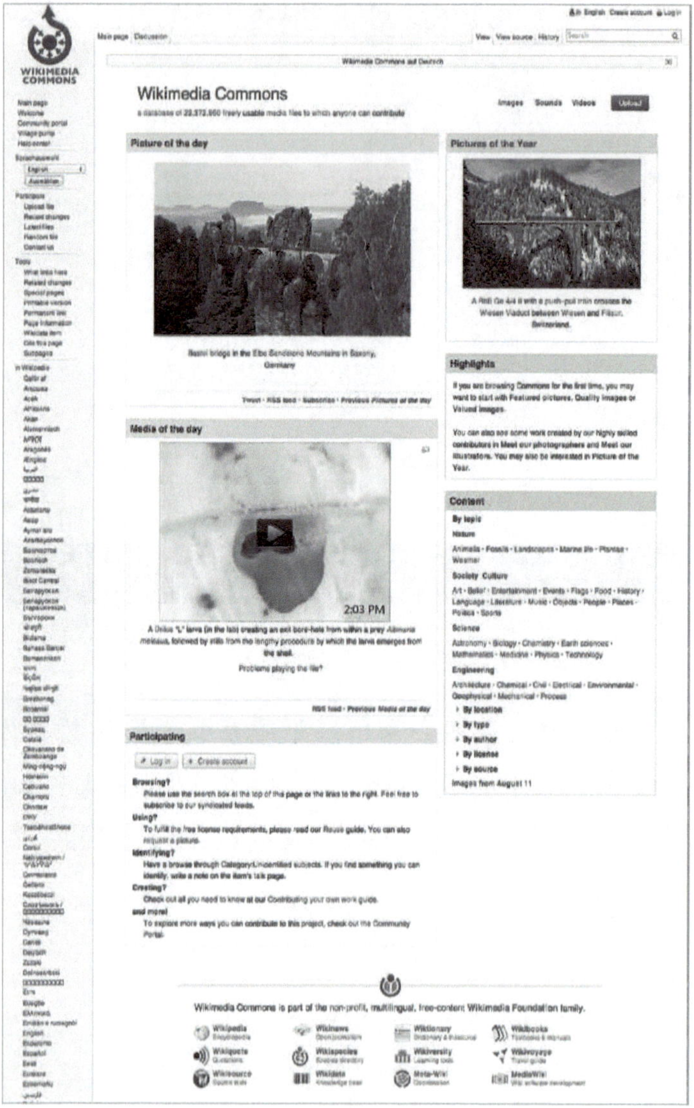
WIKIMEDIA COMMONS
Wikimedia Commons
Images
Sounds
Videos
Upload
Picture of the day
Pictures of the Year
Highlights
Media of the day
Content
Participating
2:03 PM
Wikimedia Commons is part of the non-profit, multilingual, free-content Wikimedia Foundation family.

图 4-8 维基媒体公地

(2) 搜索开放内容视频

视频平台 Vimeo 是在开放内容的领域逐渐发展起来的。它要求自我创造内容的使用者在将视频上传到内容网站之前选择一个 CC 许可协议。此外，如果有人对某些内容进行搜索，有一个被称为"高级筛选"的链接，其中包含一个搜索 CC 许可协议内容的选项（图 4-9）。

图 4-9　Vimeo 搜索

(3) 使用知识共享元搜索功能搜索开放内容

CC 网站针对不同类型的开放内容有一个特殊的搜索功能。它允许使用者搜索一些平台包括 YouTube、Jamendo（音乐）、SoundCloud（音乐）或 Europeana（多种类型的作品）（图 4-10）。

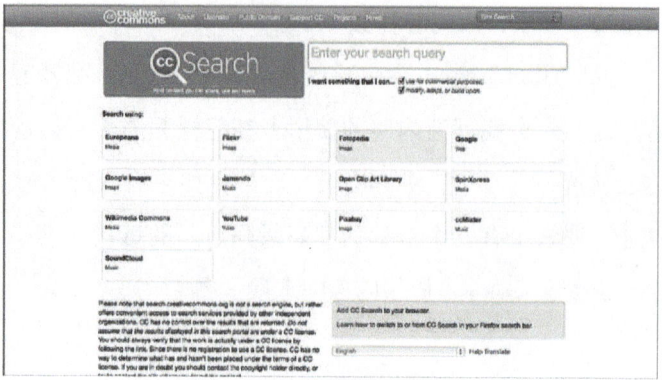

图 4-10　知识共享搜索

第 5 章
结　语

开放内容许可有巨大潜力——使人们能够以合法和透明的方式分享著作权保护的内容和其他内容。然而,无论是权利持有人还是使用者,都需要注意潜在的匮乏之处。

不仅是为了遵守法律,同时也为了尊重那些与他人自由分享其创作作品的人的权利,每个使用者都应该知道自己的职责和义务。此外,那些希望在一个公共许可下发布其内容的人,需要对其选择的许可做出明智的决定。使用严格许可的倾向——如非商业性使用许可——通常会对自由文化运动造成麻烦,这会危及内容的共享,从而极有可能破坏权利人的最初目标。因此,仔细想想哪个许可能够最好地满足自己特定的意图是至关重要的。